江西省农村公路中小桥梁设计通用图（试行）

（第8册　共13册）

现浇钢筋混凝土连续箱梁上部构造

编制单位　江西省公路科研设计院
批准部门　江 西 省 交 通 运 输 厅

编　　号：13-8
跨　　径：3×16m
斜 交 角：0°
荷　　载：公路—Ⅱ级
桥面宽度：5.0m、6.5m、7.5m、8.5m

人民交通出版社股份有限公司
China Communications Press Co.,Ltd.

图书在版编目（CIP）数据

江西省农村公路中小桥梁设计通用图：试行．8，现浇钢筋混凝土连续箱梁上部构造 / 江西省公路科研设计院编制；江西省交通运输厅批准．—北京：人民交通出版社股份有限公司，2016.7
ISBN 978-7-114-13245-2

Ⅰ．①江…　Ⅱ．①江…　②江…　Ⅲ．①农村道路—跨径—公路桥—钢筋混凝土桥—桥梁设计—通用图—汇编—江西省　Ⅳ．①U448.142.5

中国版本图书馆 CIP 数据核字（2016）第 184010 号

江西省农村公路中小桥梁设计通用图（试行）
（第8册　共13册）

书　　名：现浇钢筋混凝土连续箱梁上部构造
著 作 者：江西省公路科研设计院
责任编辑：赵瑞琴
出版发行：人民交通出版社股份有限公司
地　　址：（100011）北京市朝阳区安定门外外馆斜街3号
网　　址：http://www.ccpress.com.cn
销售电话：（010）59757973
总 经 销：人民交通出版社股份有限公司发行部
经　　销：各地新华书店
印　　刷：北京鑫正大印刷有限公司
开　　本：880×1230　1/8
印　　张：12.5
版　　次：2016年7月　第1版
印　　次：2016年7月　第1次印刷
书　　号：ISBN 978-7-114-13245-2
定　　价：380.00元（全套共13册　总定价：3900.00元）
（有印刷、装订质量问题的图书由本公司负责调换）

序

近年来，江西省农村公路发展迅速，据2013年年底江西省公路电子地图数据统计，全省农村公路桥梁共计18568座/601754延米，其中农村公路四、五类危桥共计4917座/166080延米，约占农村公路桥梁总数的26.48%。虽然我们采取了多项措施加大了农村公路危桥改造工程建设，但省农村公路危桥改造目前仍然存在一些问题，农村公路危桥数量较多且呈增长趋势，农村公路桥梁安全形势仍然较严峻。因此，农村公路中小桥梁的设计施工和工程质量直接关系到我省农村公路网络的安全畅通和有效服务。

为贯彻科学发展观，保证中小跨径公路混凝土桥梁结构的安全度，提高结构的耐久性，实现设计和施工的标准化、生产的工厂化和机械化，并具有良好的可维修性和可更换性，江西省交通运输厅给江西省公路管理局下达《江西省农村公路中小桥梁设计通用图》编制计划，江西省公路管理局委托江西省公路科研设计院，针对全省农村公路桥梁的特点，编制了本系列通用图。

本系列通用图的内容涵盖了装配式后张法预应力混凝土箱梁（简支）、装配式后张法预应力混凝土空心板梁（简支）、装配式钢筋混凝土实心板梁（简支）、现浇钢筋混凝土箱梁（连续）、现浇钢筋混凝土空心板梁（简支和连续）、现浇钢筋混凝土实心板梁（简支）、现浇钢筋混凝土板拱桥等上部结构形式及相应的下部结构形式。

本系列通用图的编制主要依据《公路工程技术标准》（JTG B01—2014）《公路桥涵设计通用规范》（JTG D60—2015）《公路钢筋混凝土及预应力混凝土桥涵设计规范》（JTG D62—2004）和《公路桥涵施工技术规范》（JTG/T F50—2011）等标准规范。

具体使用时，要求充分理解设计规范的意图和通用图的设计本意，结合工程项目的具体情况，予以完善和补充。设计单位和业主可以根据项目的具体情况，在本系列通用图中提出的设计要求的基础上，对某些设计要求予以一定的提高，并在详细的核算后予以调整。

期望本系列通用图的出版，能为实现资源节约型、环境友好型交通发展，进一步提高全省农村公路桥梁建设的可持续发展，有一定的启迪和促进作用。

参加本系列通用图编制的成员主要有钱济章、徐友才、刘辉、肖琦、周海旺、涂昀、梁靓、邓凌燕、龚汉清、钟曙亮、彭德清、吴义林、涂文玲、周琦、涂清艳等。

本系列通用图咨询单位为中交第一公路勘察设计研究院有限公司。

在此向支持和关心本项目工作的江西省交通运输厅和江西省公路管理局等单位的领导及参与项目技术审查的专家们一并表示感谢！

江西省公路科研设计院

二〇一六年五月

总 目 录

本册目录

说　　明

一、技术标准与设计规范

1.《公路工程技术标准》JTG B01—2014

2.《公路桥涵设计通用规范》JTG D60—2015

3.《公路钢筋混凝土及预应力混凝土桥涵设计规范》JTG D62—2004

4.《公路桥涵施工技术规范》JTG/T F50—2011

5.《预应力混凝土用钢绞线》GB/T 5224—2014

6.《公路交通安全设施设计技术规范》JTG D81—2006

7.《钢筋焊接网混凝土结构技术规程》JGJ 114—2014

二、技术指标

主要技术指标表

公路等级	三、四级公路			
汽车荷载等级	公路—Ⅱ级			
行车道数	2	2	1	1
桥面宽度（m）	8.5	7.5	6.5	5.0
跨径（m）	3×16			
斜交角（°）	0			
梁高（m）	1.2			
设计安全等级	二级			
环境类别	Ⅰ类、Ⅱ类			

三、主要材料

1.混凝土

1）水泥：应采用高品质的硅酸盐水泥，同一座桥的预制梁应采用同一品种的水泥。

2）粗集料：应采用连续级配，碎石宜采用锤击式破碎生产。碎石最大粒径不宜超过25mm，以防混凝土浇筑困难或振捣不密实。

3）混凝土：现浇箱梁及桥面铺装均采用C40混凝土。

2.普通钢筋

普通钢筋采用HPB300和HRB400钢筋，钢筋应符合《钢筋混凝土用热轧光圆钢筋》（GB 1499.1—2008）和《钢筋混凝土用热轧带肋钢筋》（GB 1499.2—2007）的规定。凡钢筋直径大于或等于12mm者，采用HRB400热轧带肋钢；凡钢筋直径小于12mm者，采用HPB300钢筋。

3.其他材料

1）钢板：钢板应采用符合《碳素结构钢》GB/T 700—2006规定要求的Q235B钢板。

2）支座：采用盆式橡胶支座，其材料和力学性能均应符合现行国家和行业标准的规定。

四、设计要点

1.现浇箱梁按钢筋混凝土构件设计，其内力计算采用平面杆系有限元程序。

2.桥面板按单向板和悬臂板计算配筋。

3.计算参数

1）混凝土：重力密度 γ=26.0kN/m^3，弹性模量为 E_c=3.45×10^{4}MPa；

2）支座不均匀沉降：Δ=5mm；

3）整体升温25℃，整体降温 −25℃；

4）竖向梯度温度效应：按现行规范水泥混凝土铺装取值，T25/6.7℃、T−12.5/−3.35℃；

5）年平均相对湿度：55%。

4.箱梁采用满堂支架浇筑的施工方法。

5.箱梁结构可不设置预拱度，施工预拱度施工时自行设置。

6.本设计图按3跨布置，同时适用于4～5跨的布置形式，其边、中跨构造及配筋参照本图第1（3）、2跨布置。

7.箱梁最大支反力（恒载＋活载）：

最大支反力　单位：kN

支点位置 / 桥面宽度（m）	端支点	中墩支点
5.0	1039	3559
6.5	1095	2108
7.5	1129	2140
8.5	1259	2472

五、施工要点

有关桥梁的施工工艺、材料要求及质量标准，除符合《公路桥涵施工技术规范》有关条文规定外，还应特别注意以下事项：

1.箱梁采用满堂支架施工，每次应搭起整联支架，同时应严格控制支架的沉降，浇筑混凝土前应对支架进行预压，以减少非弹性变形并检验支架的承载能力，预压重量不小于支架需承受全部荷载的1.1倍，待支架沉降稳定后方可施工。

2.钢筋的下料、焊接应符合相关施工规范要求，布筋时，应本着构造筋给主钢筋让位、细钢筋给粗钢筋让位的原则适当移动。

3.施工时箱梁顶板、底板的上、下层钢筋及腹板的内、外层钢筋之间应采用Φ12短钢筋（两端用90°弯钩）固定绑扎成整体。

4.顶、底板采用分层浇筑时，分层面宜选择在腹板高度的1/3～1/2（距底板）之间，自底板混凝土浇筑起应在2*d*内完成顶板混凝土的浇筑，最好在底板混凝土即将初凝前开始浇筑顶板混凝土。为满足上述要求，减少因顶、底板混凝土龄期差别造成顶板和翼缘板混凝土的收缩裂缝，以免影响结构受力，可再分段浇筑。但一个施工段内的支架必须同时预压，该施工段内的其他未施工（绑扎钢筋、立模）梁段的预压荷载不得拆卸。一个施工段内再分段浇筑混凝土时，施工缝应选择在离支点*L*/5～*L*/4之间。

5.浇筑箱梁时，应捣实混凝土，特别是钢筋密集处的混凝土，防止出现蜂窝状。混凝土浇筑完毕，应及时予以养护，以确保其质量。

6.拆卸支架应待箱梁混凝土的强度达到设计强度时方可进行，落架应遵循全孔多点、对称、缓慢、均匀和分级的原则，从跨中向支点拆卸。

六、适用范围

1.本通用图适用于三、四级公路上的农村公路桥梁，修建桥梁时，根据实际情况，可参考本通用图修建漫水桥和过水桥。

2.本通用图未考虑伸缩缝、护栏、泄水管、支座等附属工程，相关预留预埋构造应根据项目具体情况进行调整。

3.本册图纸伸缩缝预留槽口尺寸按80型伸缩装置的尺寸设计，使用本通用图时，应根据实际情况验算联端伸缩量，以确定伸缩缝的具体型号，并相应调整伸缩缝预留槽尺寸。

4.本册图纸汽车荷载等级为公路—Ⅱ级，当有超限车辆通过时，应进行结构验算，并采取相应措施。

5.设计参数与本图有差异时应另行设计。

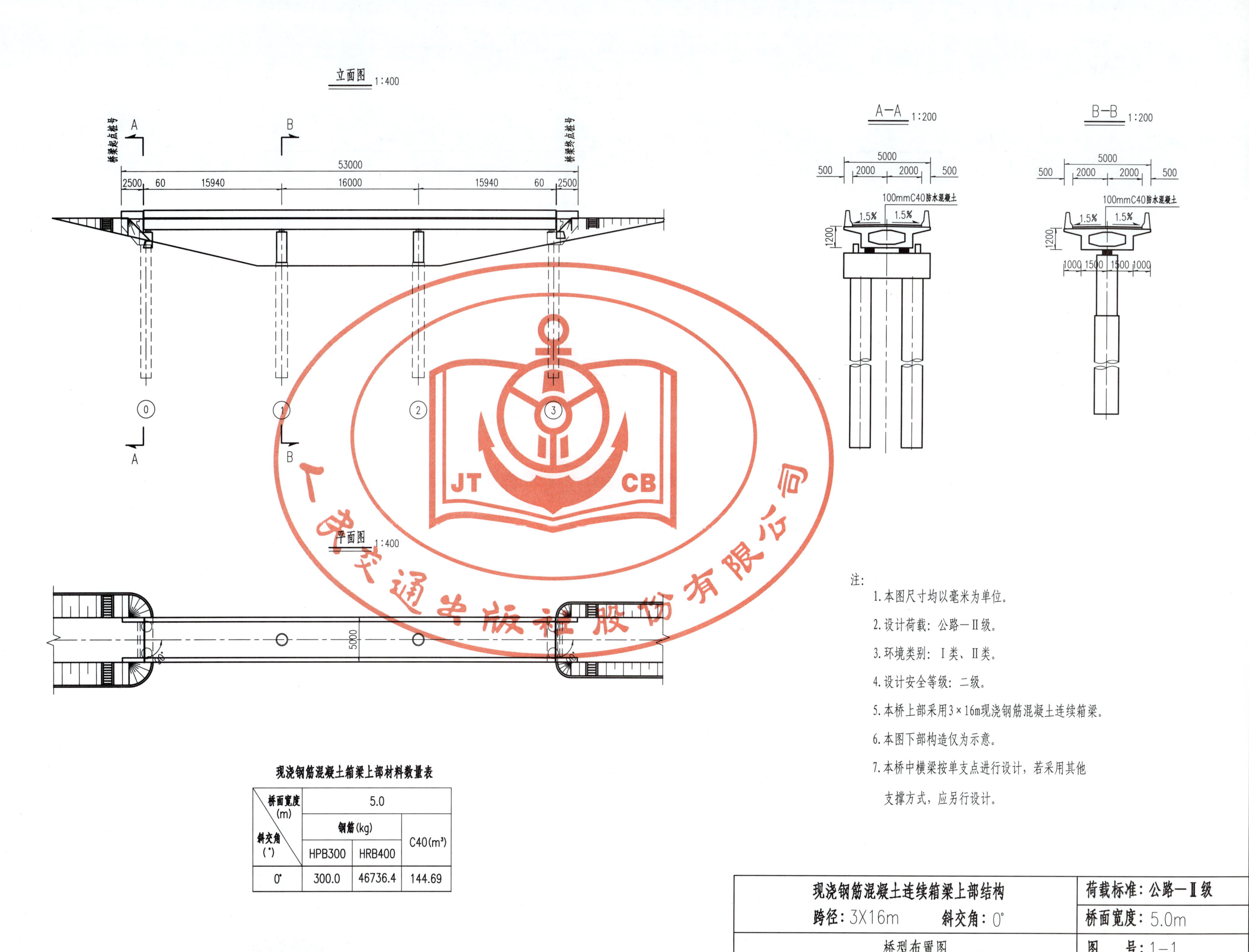

现浇钢筋混凝土箱梁上部材料数量表

桥面宽度(m) / 斜交角(°)	5.0		
	钢筋(kg)		C40(m³)
	HPB300	HRB400	
0°	300.0	46736.4	144.69

注：

1. 本图尺寸均以毫米为单位。
2. 设计荷载：公路—Ⅱ级。
3. 环境类别：Ⅰ类、Ⅱ类。
4. 设计安全等级：二级。
5. 本桥上部采用3×16m现浇钢筋混凝土连续箱梁。
6. 本图下部构造仅为示意。
7. 本桥中横梁按单支点进行设计，若采用其他支撑方式，应另行设计。

现浇钢筋混凝土连续箱梁上部结构 跨径：3X16m　　斜交角：0°	荷载标准：公路—Ⅱ级
	桥面宽度：5.0m
桥型布置图	图　号：1—1

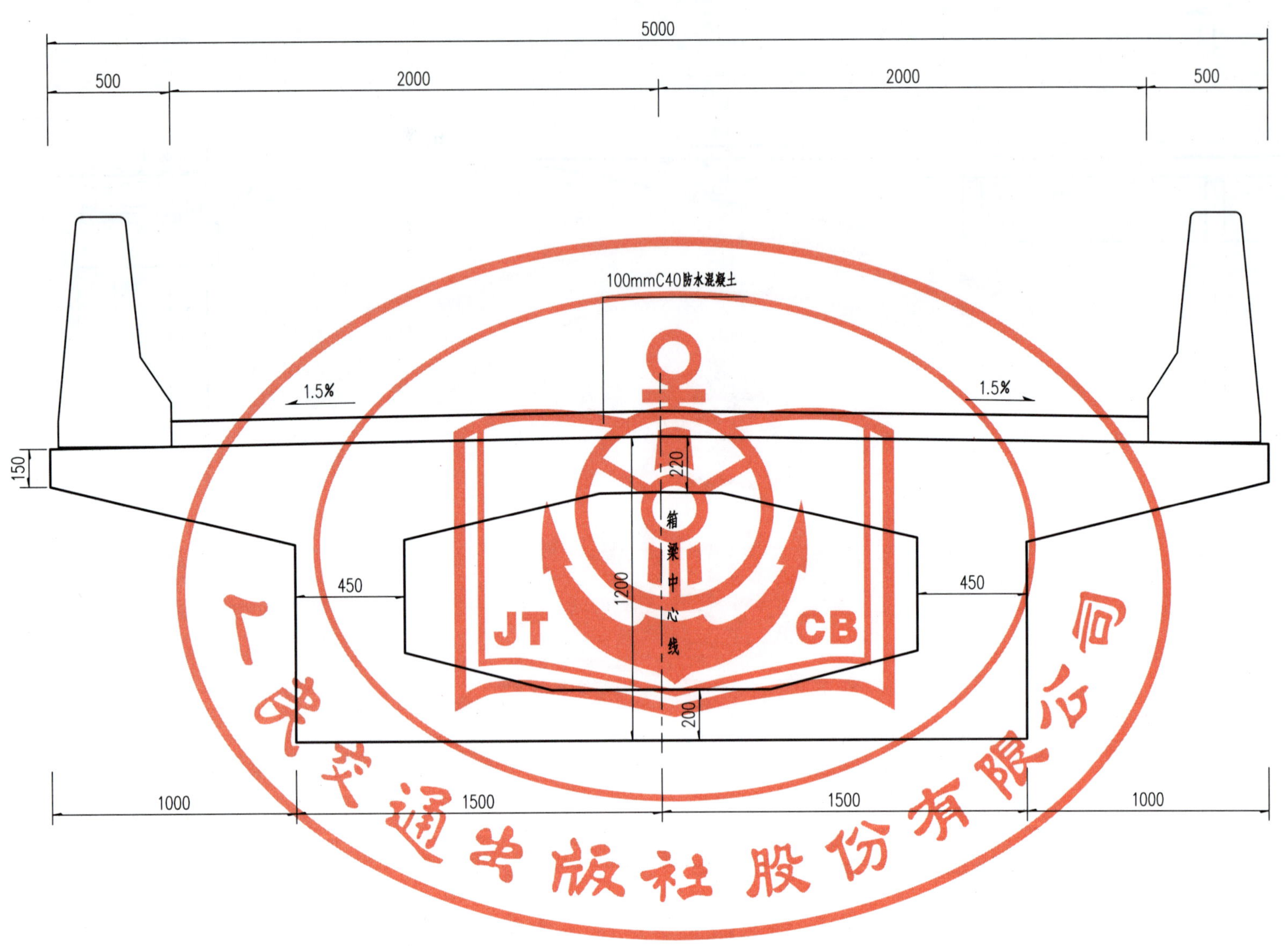

注:
本图尺寸均以毫米为单位。

现浇钢筋混凝土连续箱梁上部结构 跨径:3X16m　　斜交角:0°	荷载标准:公路—Ⅱ级
	桥面宽度:5.0m
标准横断面图	图　号:1-2

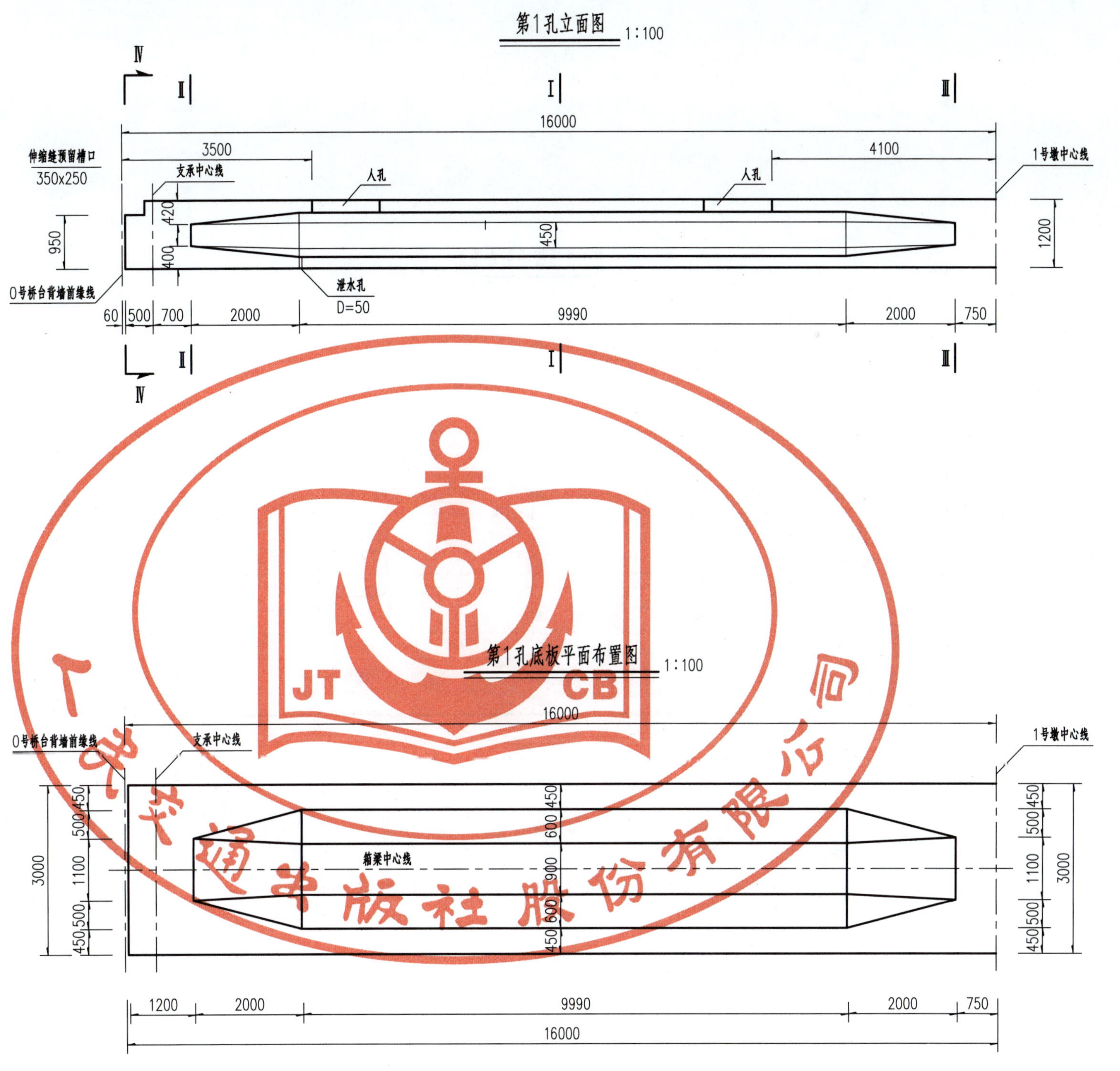

现浇钢筋混凝土连续箱梁上部结构 跨径：3X16m 斜交角：0°	荷载标准：公路—Ⅱ级
	桥面宽度：5.0m
箱梁一般构造图（一）	图 号：1-3-1

第1孔顶板平面布置图 1:100

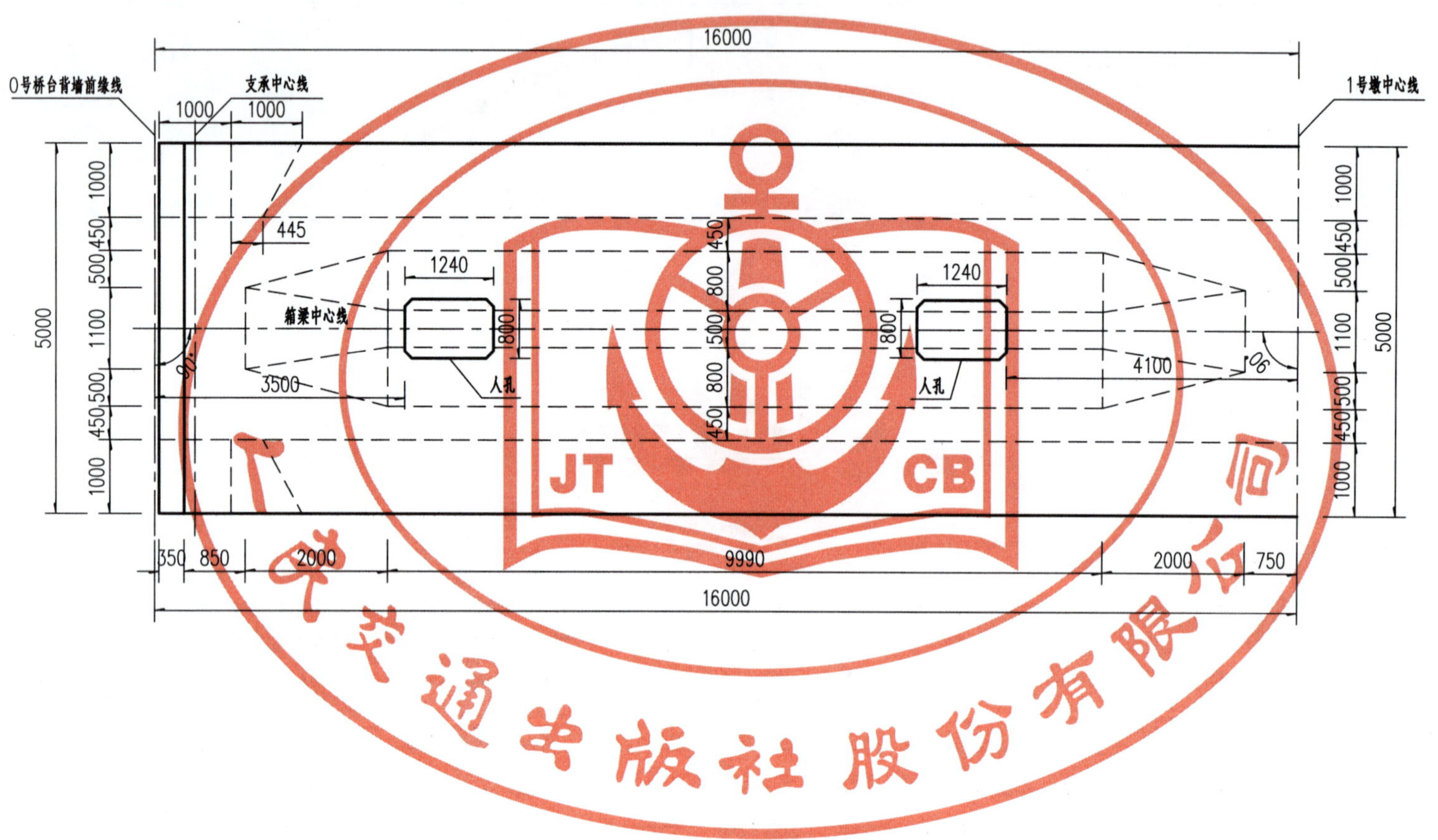

现浇钢筋混凝土连续箱梁上部结构		荷载标准：公路—Ⅱ级
跨径：3X16m	斜交角：0°	桥面宽度：5.0m
箱梁一般构造图（二）		图 号：1-3-2

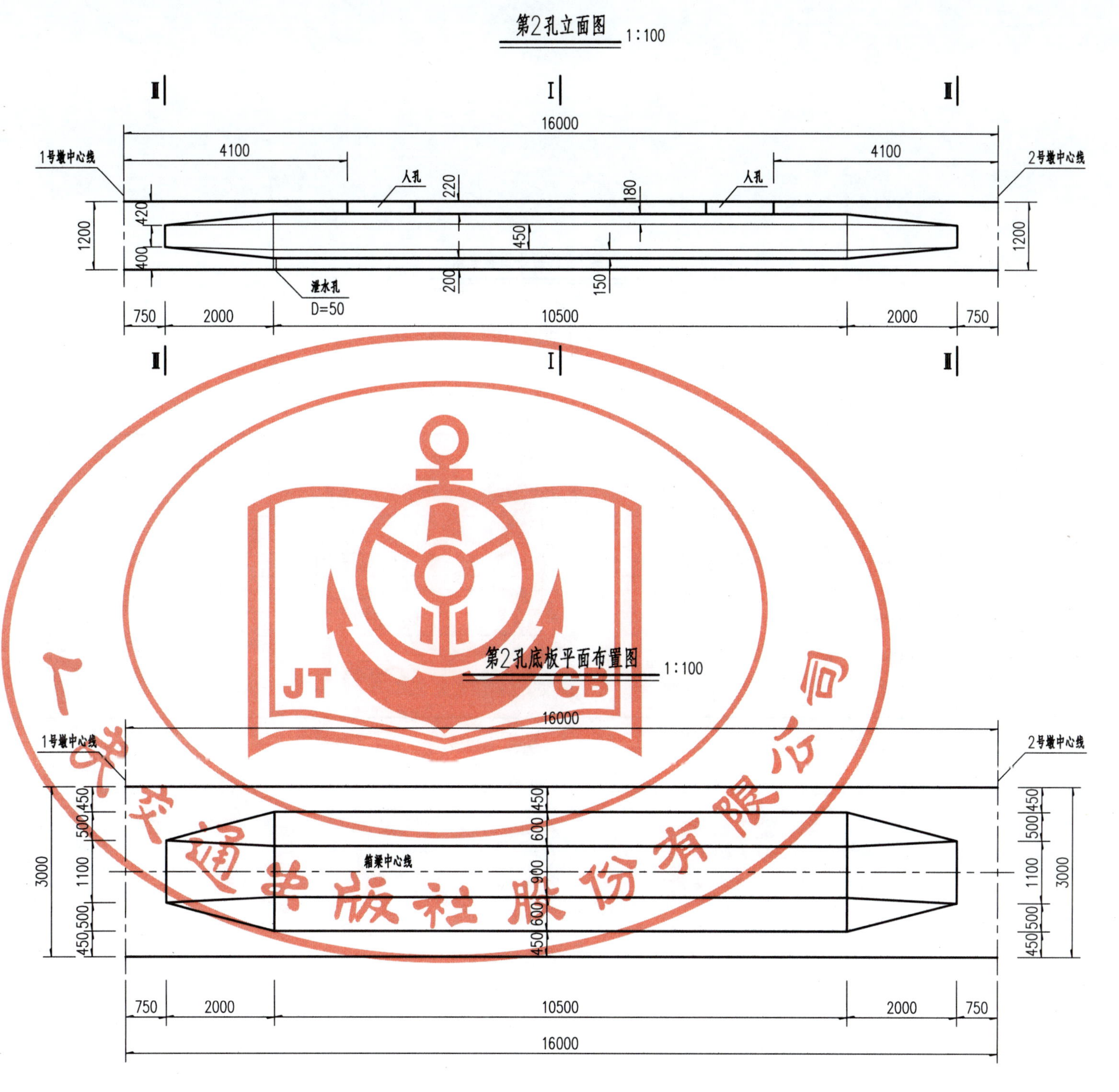

现浇钢筋混凝土连续箱梁上部结构 跨径:3X16m 斜交角:0°	荷载标准:公路—Ⅱ级 桥面宽度:5.0m
箱梁一般构造图(三)	图 号:1-3-3

第2孔顶板平面布置图 1:100

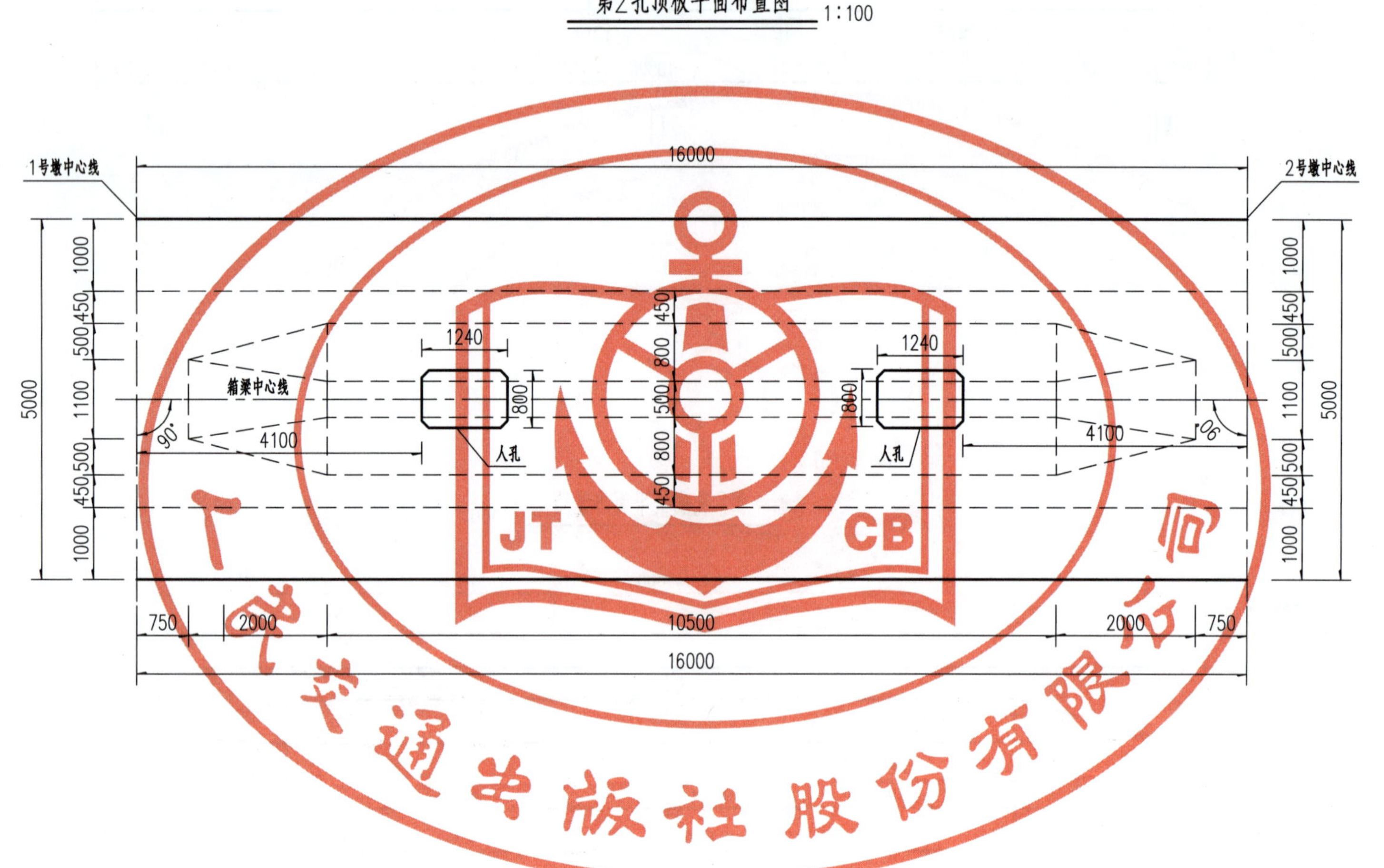

现浇钢筋混凝土连续箱梁上部结构	荷载标准：公路—Ⅱ级
跨径：3X16m　　斜交角：0°	桥面宽度：5.0m
箱梁一般构造图（四）	图　号：1-3-4

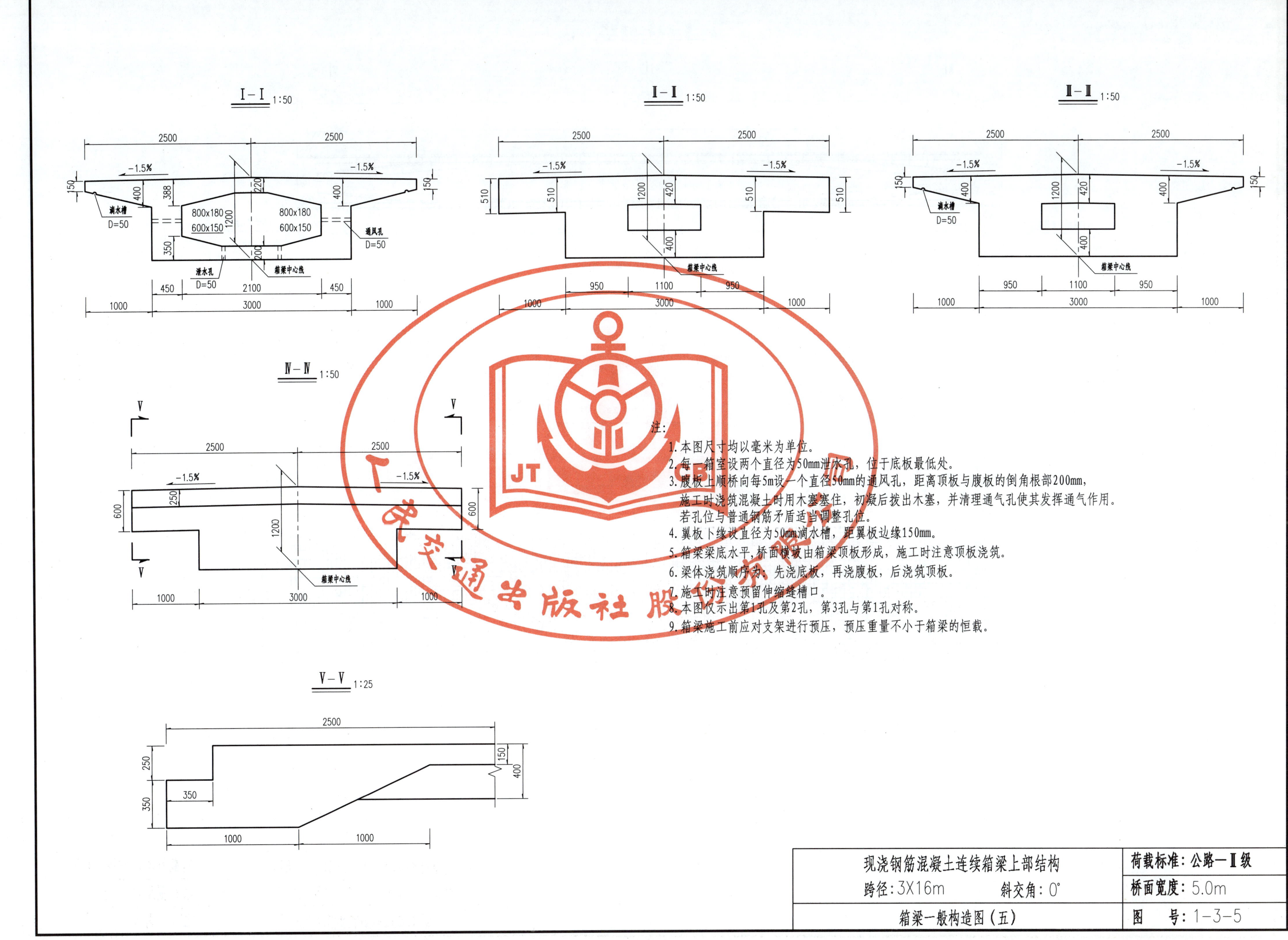

I－I 1:50
2500 2500
-1.5%
150 400 388 220 400 150
滴水槽
D=50
800x180
600x150
1200
800x180
600x150
通风孔
D=50
350 200
泄水孔
D=50
箱梁中心线
450 2100 450
1000 3000 1000
Ⅱ－Ⅱ 1:50
2500 2500
-1.5%
510 510 1200 420 510 510
400
箱梁中心线
950 1100 950
1000 3000 1000
Ⅲ－Ⅲ 1:50
2500 2500
-1.5%
150 400 1200 420 400 150
滴水槽
D=50
400
箱梁中心线
950 1100 950
1000 3000 1000
Ⅳ－Ⅳ 1:50
Ⅴ Ⅴ Ⅴ Ⅴ
2500 2500
-1.5%
600 250 1200 600
箱梁中心线
1000 3000 1000
Ⅴ－Ⅴ 1:25
2500
250 350 350 150 400
1000 1000
注：
1.本图尺寸均以毫米为单位。
2.每一箱室设两个直径为50mm泄水孔，位于底板最低处。
3.腹板上顺桥向每5m设一个直径50mm的通风孔，距离顶板与腹板的倒角根部200mm，施工时浇筑混凝土时用木塞塞住，初凝后拔出木塞，并清理通气孔使其发挥通气作用。若孔位与普通钢筋矛盾适当调整孔位。
4.翼板下缘设直径为50mm滴水槽，距翼板边缘150mm。
5.箱梁梁底水平，桥面横坡由箱梁顶板形成，施工时注意顶板浇筑。
6.梁体浇筑顺序为：先浇底板，再浇腹板，后浇筑顶板。
7.施工时注意预留伸缩缝槽口。
8.本图仅示出第1孔及第2孔，第3孔与第1孔对称。
9.箱梁施工前应对支架进行预压，预压重量不小于箱梁的恒载。
现浇钢筋混凝土连续箱梁上部结构
跨径：3X16m 斜交角：0°
箱梁一般构造图（五）
荷载标准：公路—Ⅱ级
桥面宽度：5.0m
图 号：1-3-5

第1孔钢筋立面布置图 1:75

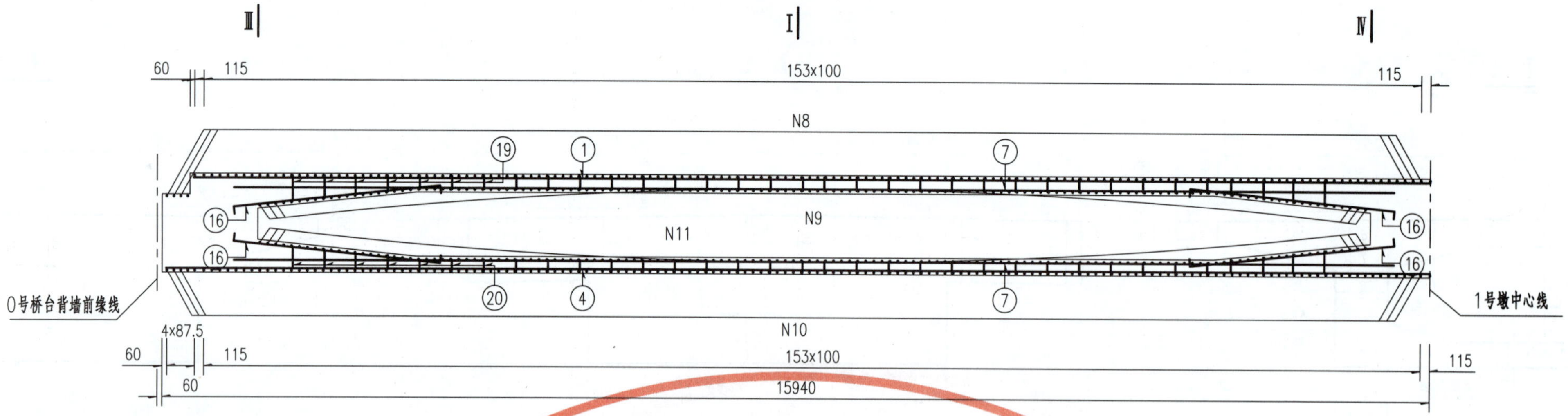

Ⅱ Ⅰ Ⅳ

60 115 153x100 115

N8 N9 N11 N10

⑲ ① ⑦ ⑯ ⑯ ⑯ ⑯ ⑳ ④ ⑦

0号桥台背墙前缘线

1号墩中心线

4x87.5 60 115 153x100 115 60 15940

第1孔底板底层钢筋平面布置图 1:75

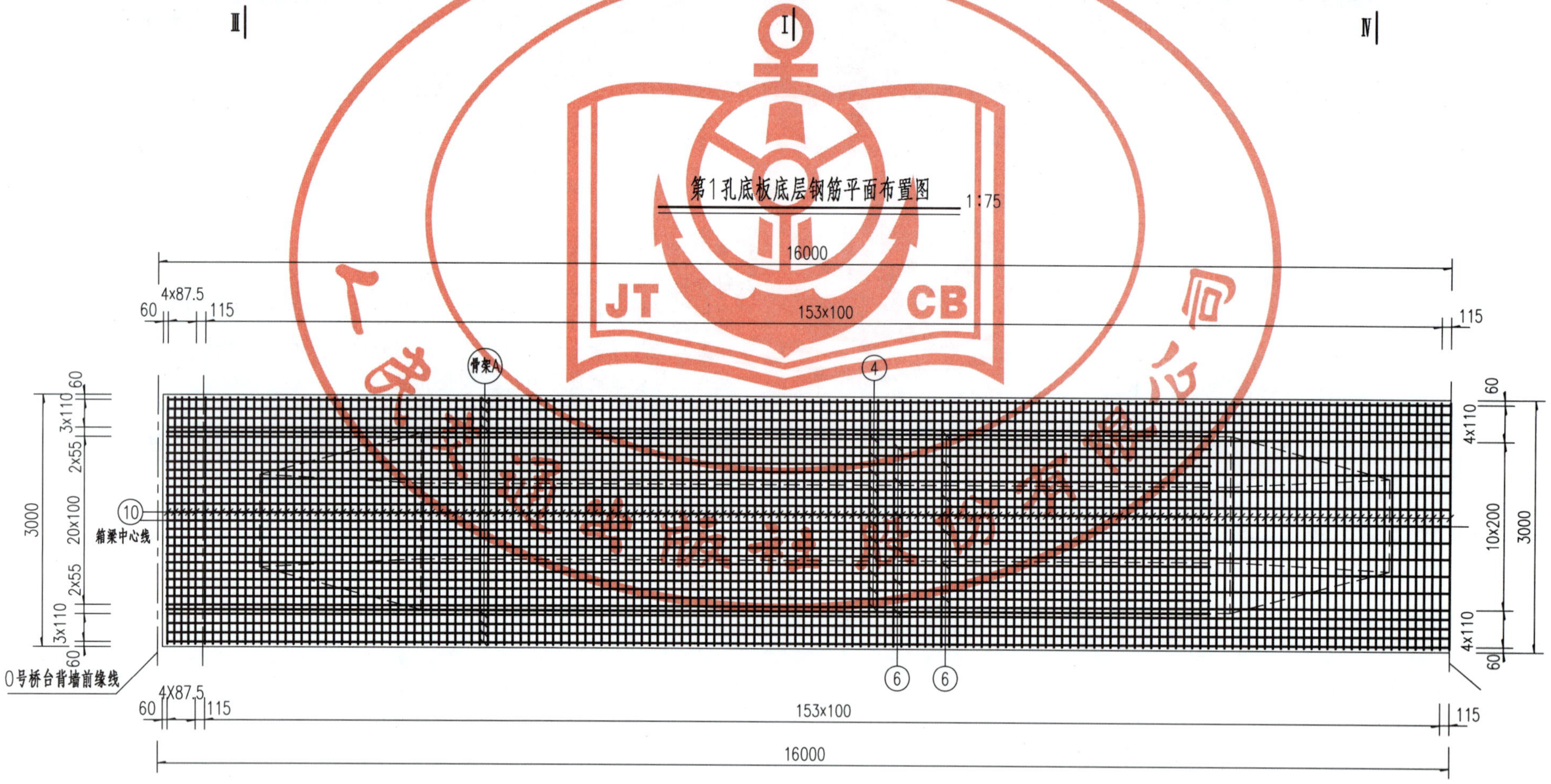

Ⅱ Ⅰ Ⅳ

16000

4x87.5 60 115 153x100 115

背架A ④ ⑩ ⑥ ⑥

箱梁中心线

0号桥台背墙前缘线

3000 60 3x110 2x55 20x100 2x55 3x110 60

60 4x110 10x200 4x110 60 3000

4X87.5 60 115 153x100 115 16000

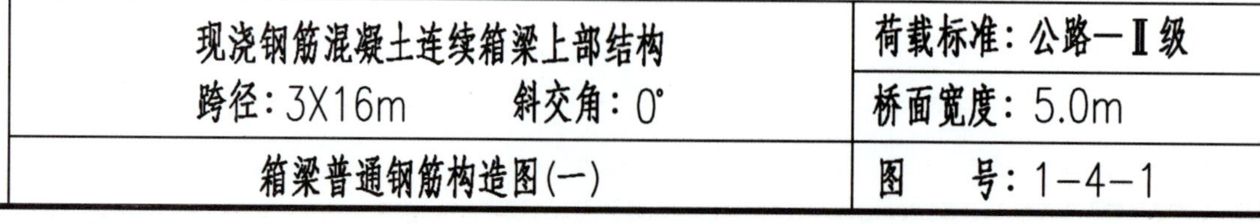

现浇钢筋混凝土连续箱梁上部结构 跨径：3X16m 斜交角：0°	荷载标准：公路—Ⅱ级
	桥面宽度：5.0m
箱梁普通钢筋构造图(一)	图 号：1-4-1

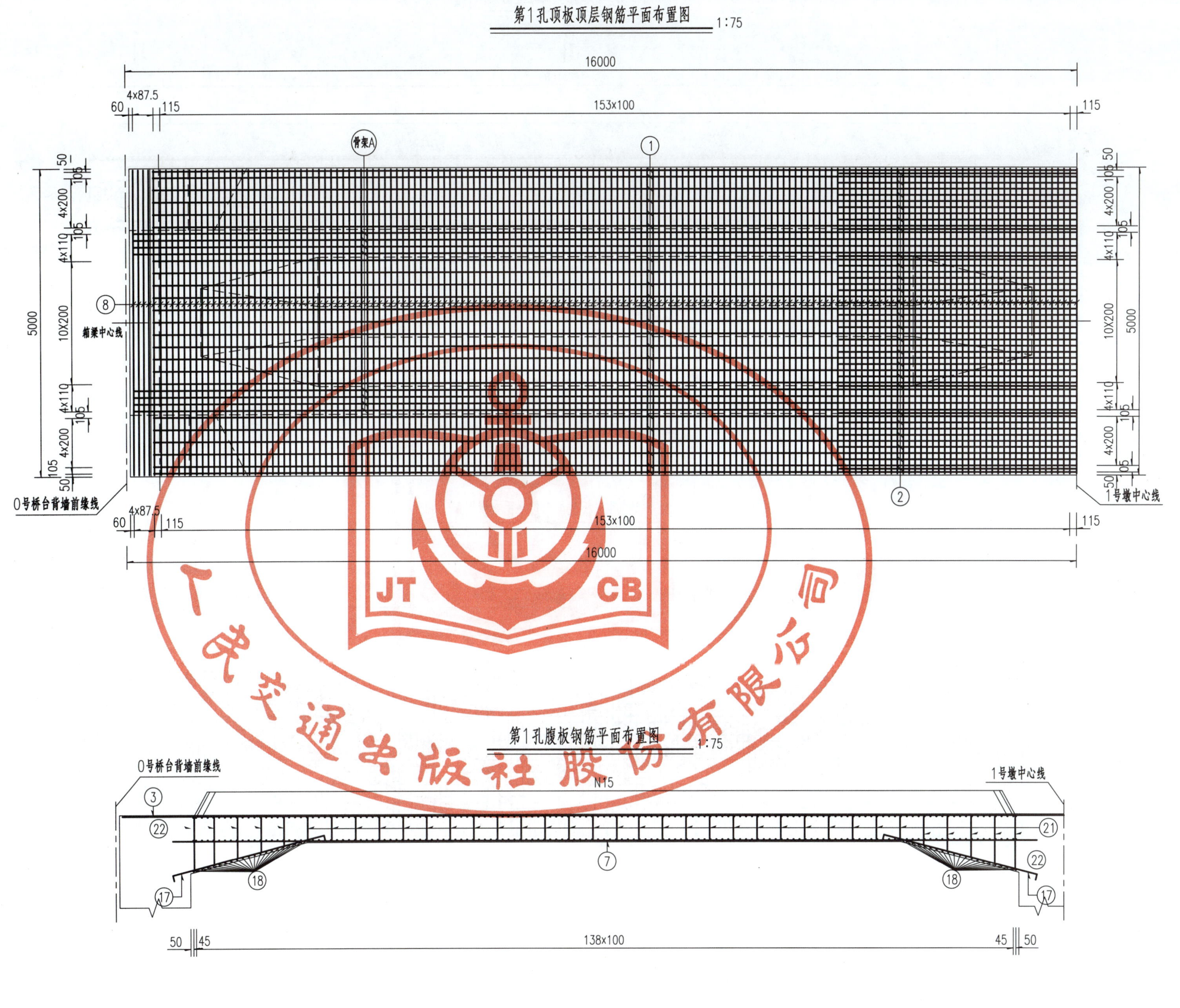

现浇钢筋混凝土连续箱梁上部结构 跨径：3X16m 斜交角：0°	荷载标准：公路—Ⅱ级 桥面宽度：5.0m
箱梁普通钢筋构造图(二)	图 号：1-4-2

第2孔钢筋立面布置图 1:75

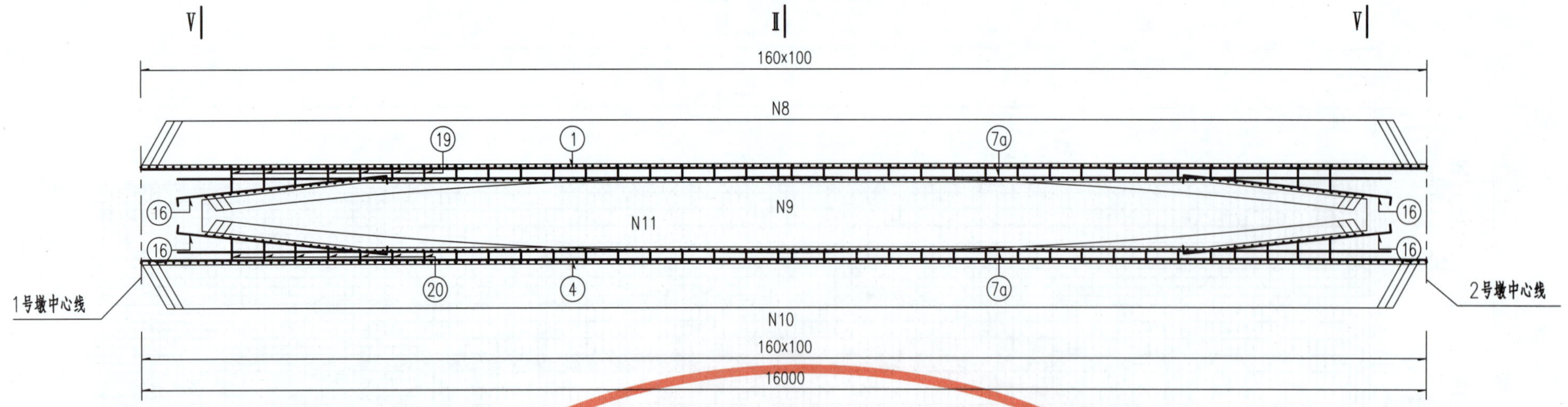

V | II | V

160x100

N8

19 1 7a

16 N9 16

N11

16 16

1号墩中心线 20 4 7a 2号墩中心线

N10

160x100

16000

V | II | V

第2孔底板底层钢筋平面布置图 1:75

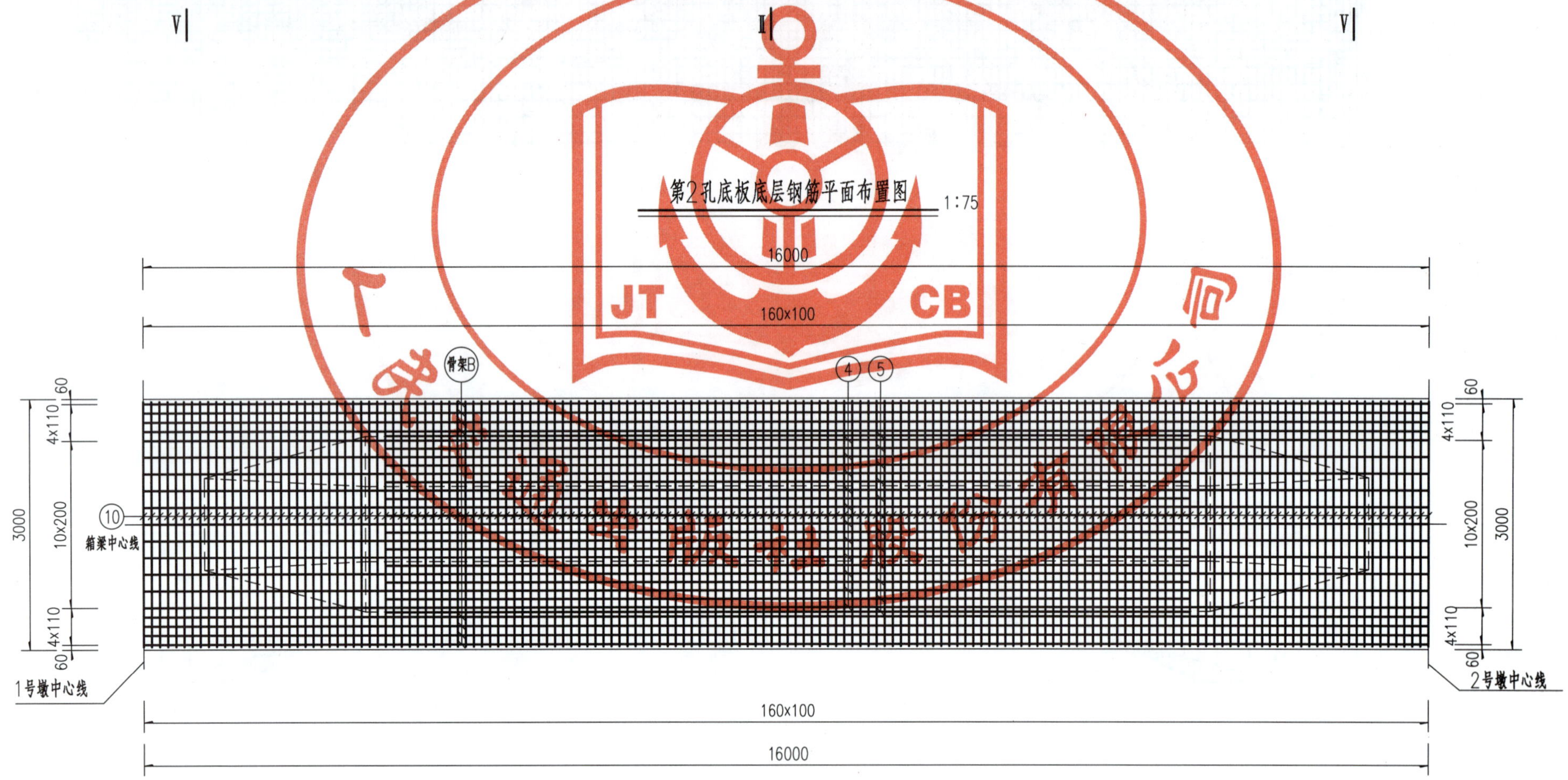

16000

160x100

骨架B 4 5

60 4x110 10x200 4x110 60 3000

10 箱梁中心线

1号墩中心线 2号墩中心线

160x100

16000

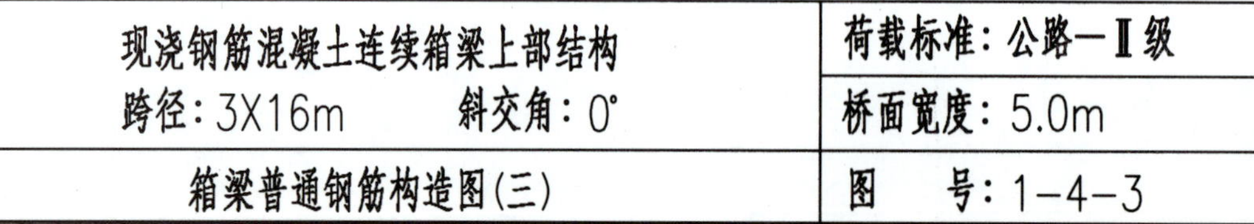
现浇钢筋混凝土连续箱梁上部结构
跨径：3X16m 斜交角：0°
荷载标准：公路—Ⅱ级
桥面宽度：5.0m
箱梁普通钢筋构造图(三)
图 号：1-4-3

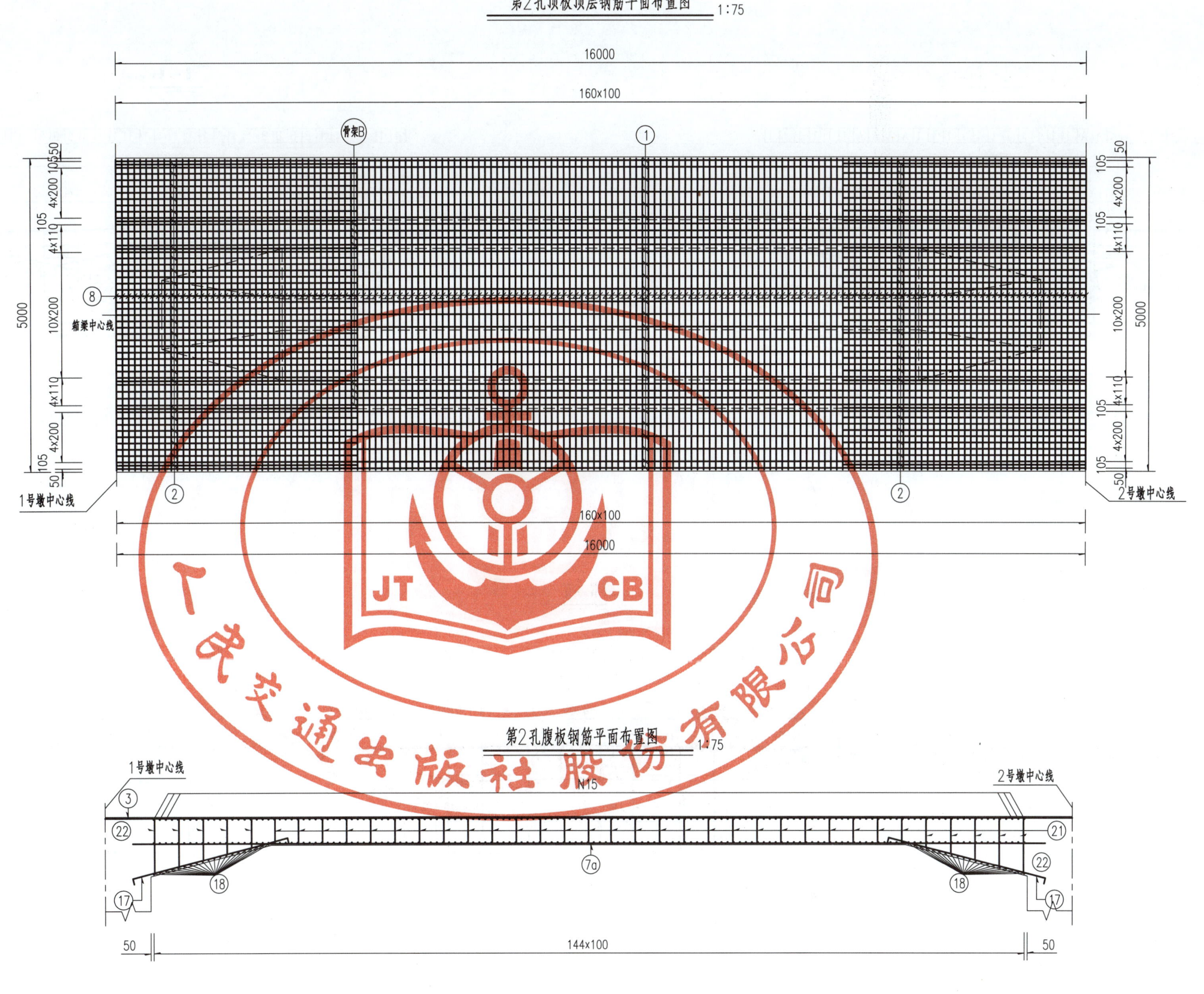

现浇钢筋混凝土连续箱梁上部结构 跨径：3X16m　斜交角：0°	荷载标准：公路—Ⅱ级 桥面宽度：5.0m
箱梁普通钢筋构造图(四)	图　号：1-4-4

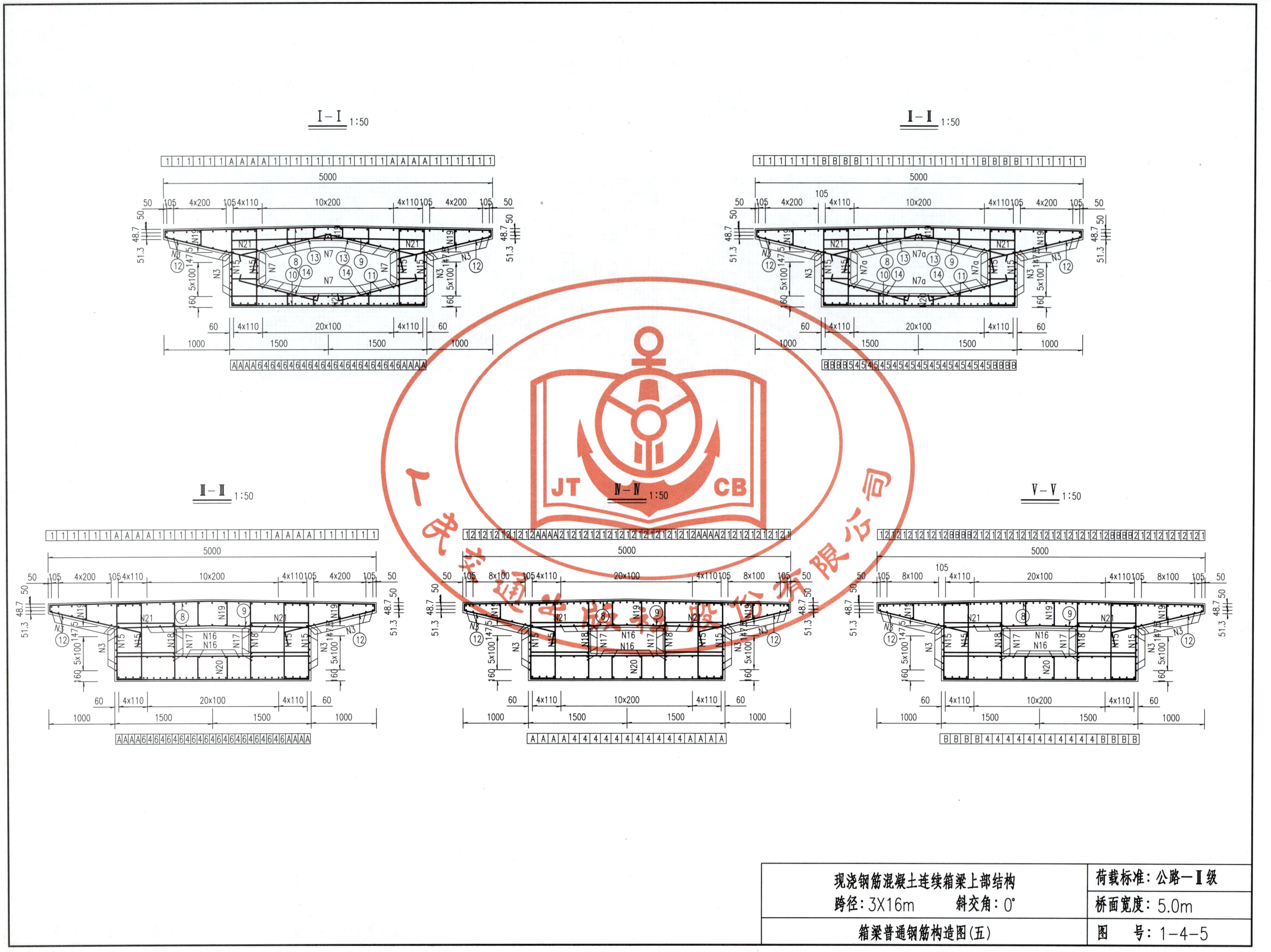
I－I 1:50
II－II 1:50
III－III 1:50
IV－IV 1:50
V－V 1:50
5000
1000
1500
20x100
10x200
4x110
4x200
8x100
5x100
N3
N7
N7a
N15
N16
N17
N18
N19
N20
N21
现浇钢筋混凝土连续箱梁上部结构
跨径：3X16m
斜交角：0°
荷载标准：公路—II级
桥面宽度：5.0m
箱梁普通钢筋构造图(五)
图　号：1-4-5

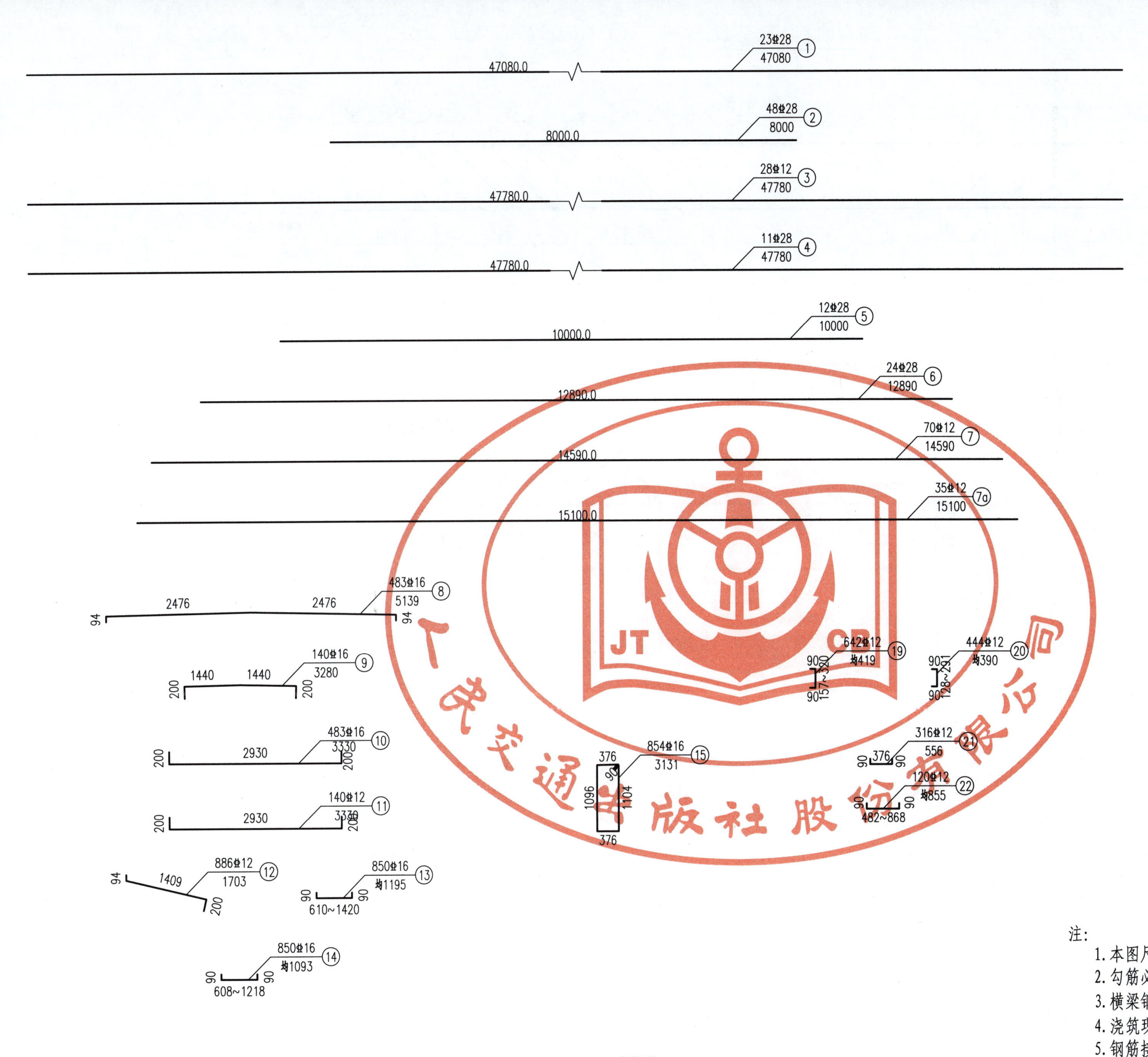

箱梁钢筋明细表

编号	直径 (mm)	单根长 (mm)	根数	共长 (m)	单位重 (kg/m)	共重 (kg)
1	⌀28	47080	23	1082.8	4.830	5230.1
2	⌀28	8000	48	384.0	4.830	1854.7
3	⌀12	47780	28	1337.8	0.888	1188.0
4	⌀28	47780	11	525.6	4.830	2538.6
5	⌀28	10000	12	120.0	4.830	579.6
6	⌀28	12890	24	309.4	4.830	1494.2
7	⌀12	14590	70	1021.3	0.888	906.9
7a	⌀12	15100	35	528.5	0.888	469.3
8	⌀16	5139	483	2482.1	1.580	3921.8
9	⌀16	3280	140	459.2	1.580	725.5
10	⌀16	3330	483	1608.4	1.580	2541.3
11	⌀12	3330	140	466.2	0.888	414.0
12	⌀12	1703	886	1508.9	0.888	1339.9
13	⌀16	均1195	850	1015.8	1.580	1604.9
14	⌀16	均1093	850	929.1	1.580	1467.9
15	⌀16	3131	854	2673.9	1.580	4224.8
16	⌀12	2790	228	636.1	0.888	564.9
17	⌀12	2842	76	216.0	0.888	191.8
18	⌀16	均1309	248	324.6	1.580	512.9
19	⌀12	均419	642	269.0	0.888	238.9
20	⌀12	均390	444	173.2	0.888	153.8
21	⌀12	556	316	175.7	0.888	156.0
22	⌀12	均855	120	102.6	0.888	91.1
合计	⌀12	5714.6kg				
	⌀16	14999.1kg				
	⌀28	12885.2kg				
	C40混凝土	144.69m³				

注：

1. 本图尺寸均以毫米为单位。
2. 勾筋必须勾在最外层钢筋上。
3. 横梁钢筋及腹板骨架钢筋配置另见详图。
4. 浇筑现浇箱梁要注意预留伸缩缝槽口及预埋伸缩缝预埋件。
5. 钢筋接头在施工中注意错开。
6. 本图仅示出第1孔及第2孔，第3孔与第1孔对称。

现浇钢筋混凝土连续箱梁上部结构 跨径：3X16m　　斜交角：0°	荷载标准：公路—Ⅱ级 桥面宽度：5.0m
箱梁普通钢筋构造图(六)	图　　号：1-4-6

第1孔骨架A立面 1:75

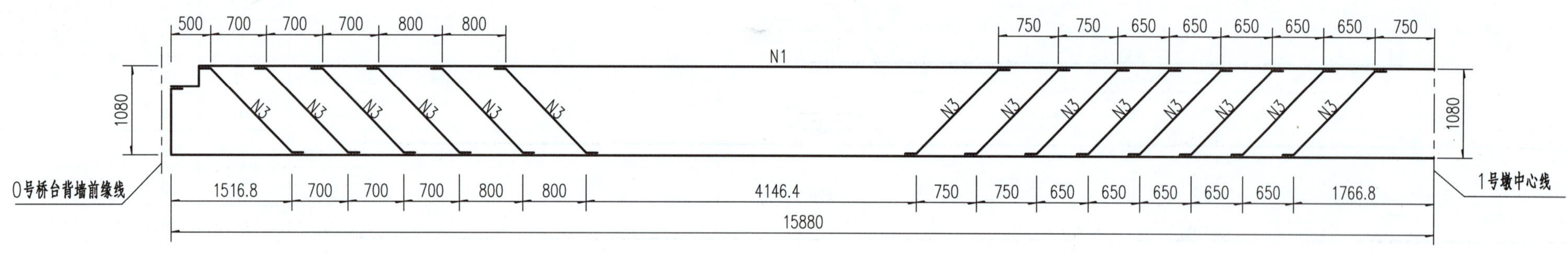

第2孔骨架B立面 1:75

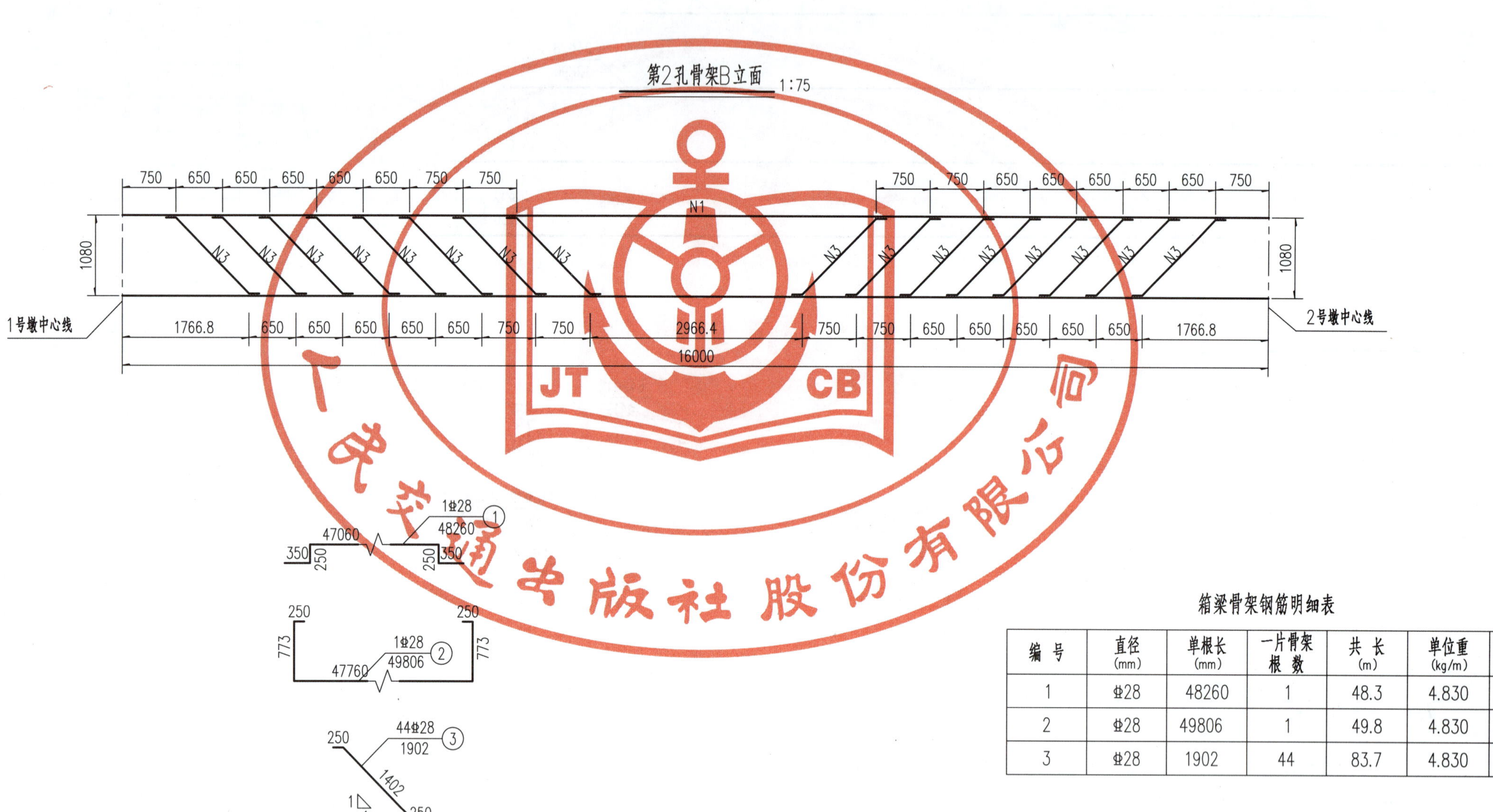

箱梁骨架钢筋明细表

编号	直径 (mm)	单根长 (mm)	一片骨架根数	共长 (m)	单位重 (kg/m)	共重 (kg)
1	⌀28	48260	1	48.3	4.830	233.1
2	⌀28	49806	1	49.8	4.830	240.6
3	⌀28	1902	44	83.7	4.830	404.2

注:
1. 本图尺寸均以毫米为单位。
2. 主筋骨架之间焊缝均采用双面焊缝，焊缝长度不小于140mm，且满足规范要求。
3. 本图仅示出第1孔及第2孔，第3孔与第1孔对称。
4. 骨架钢筋数量表中未计钢筋搭接及损耗数量。

现浇钢筋混凝土连续箱梁上部结构 跨径：3X16m 斜交角：0°	荷载标准：公路—Ⅰ级
	桥面宽度：5.0m
箱梁骨架钢筋构造图	图 号：1-5

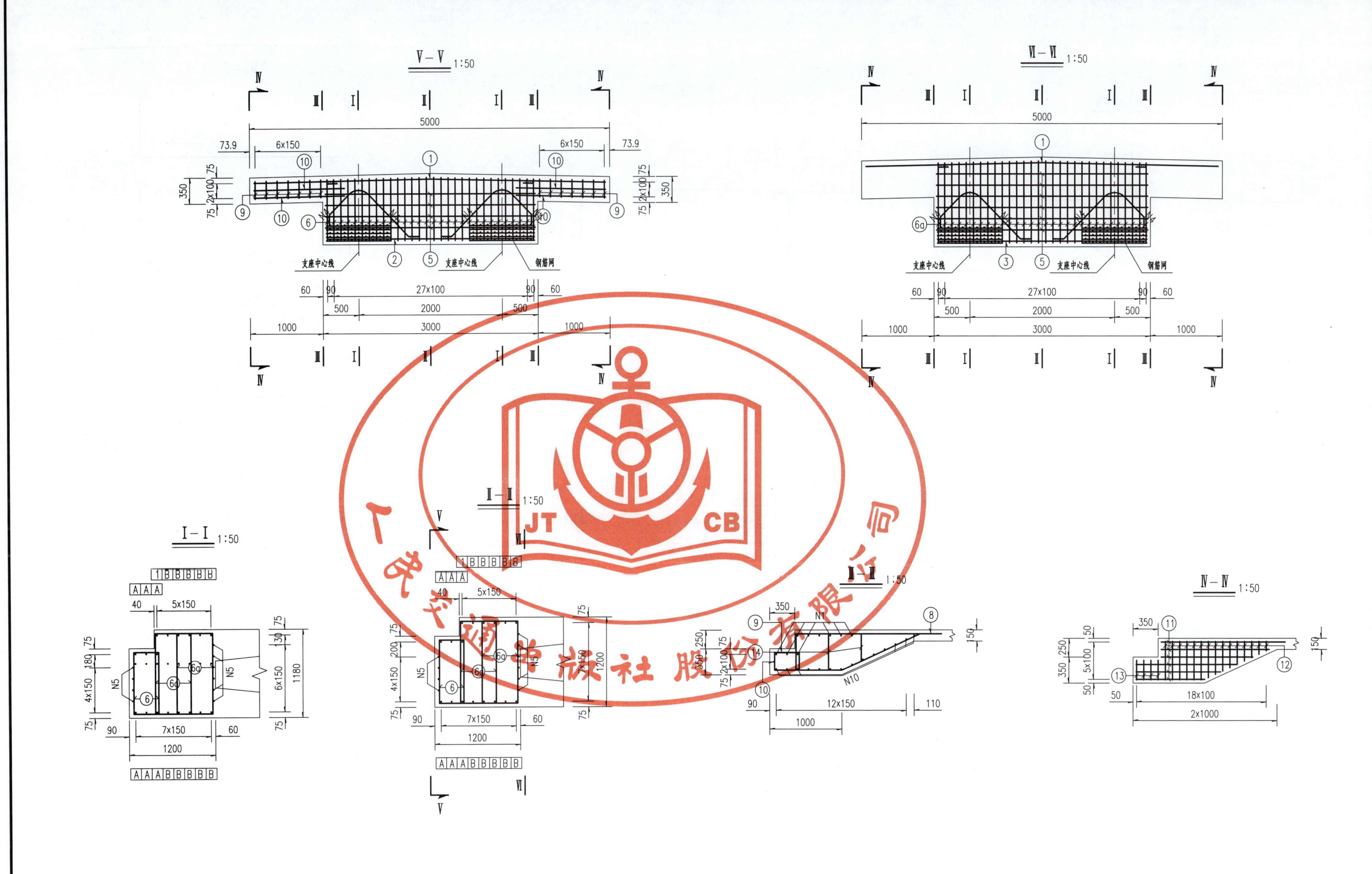

现浇钢筋混凝土连续箱梁上部结构		荷载标准：公路—Ⅱ级
跨径：3X16m	斜交角：0°	桥面宽度：5.0m
端横梁普通钢筋构造图(一)		图 号：1-6-1

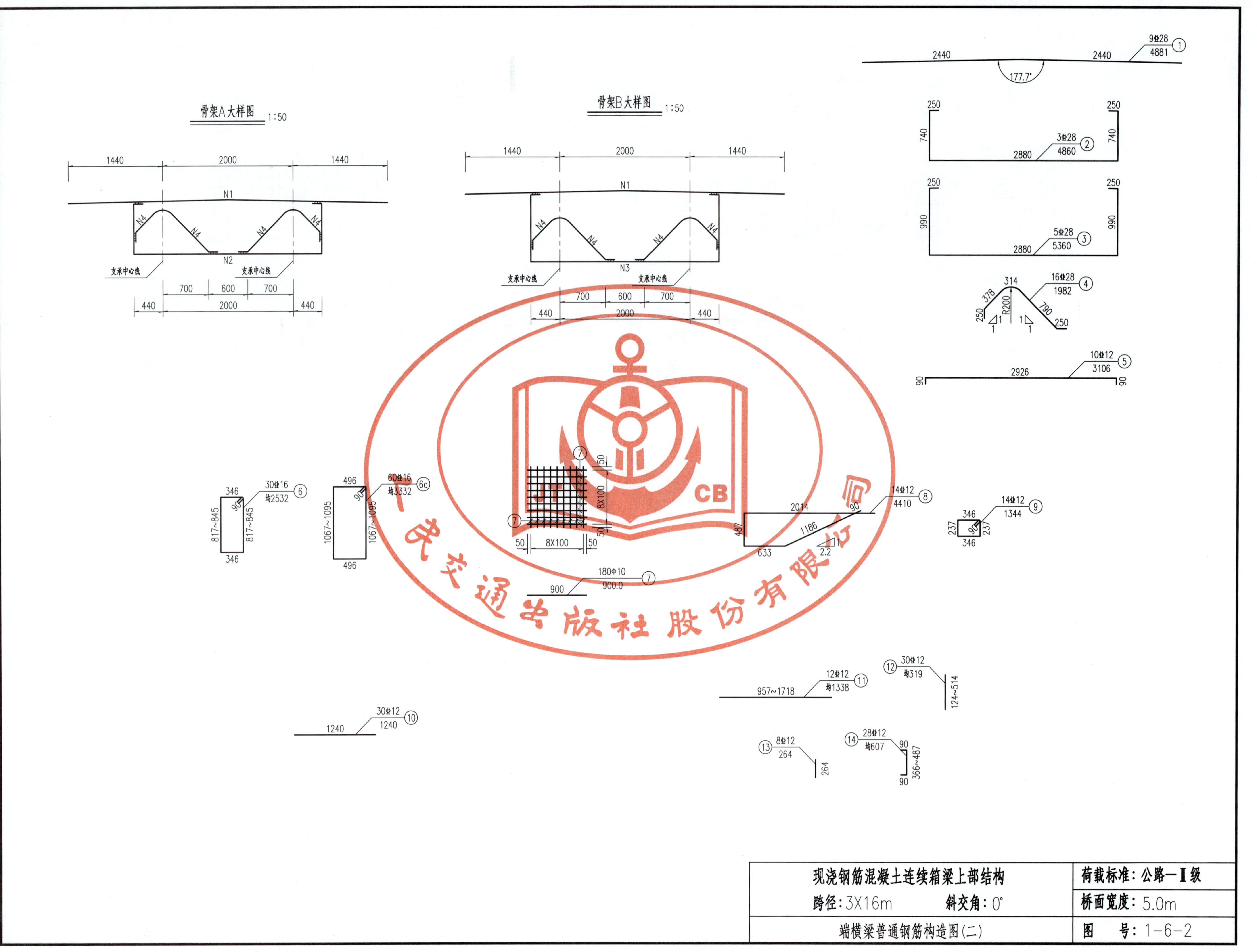

骨架A大样图 1:50
骨架B大样图 1:50
1440
2000
1440
N1
N2
N3
N4
支承中心线
700
600
700
440
2000
440
9⌀28
4881
2440
2440
177.7°
250
740
3⌀28
4860
2880
990
5⌀28
5360
16⌀28
1982
314
378
790
R200
10⌀12
3106
2926
90
30⌀16
均2532
346
817~845
60⌀16
均3332
496
1067~1095
50
8X100
180⌀10
900.0
900
14⌀12
4410
2014
1186
487
633
2.2
1344
237
30⌀12
1240
12⌀12
均1338
957~1718
均319
124~514
8⌀12
264
28⌀12
均607
366~487
人民交通出版社股份有限公司
现浇钢筋混凝土连续箱梁上部结构
跨径：3X16m
斜交角：0°
荷载标准：公路—Ⅰ级
桥面宽度：5.0m
端横梁普通钢筋构造图(二)
图 号：1-6-2

横梁钢筋明细表

编号	直径 (mm)	单根长 (mm)	根数	共长 (m)	单位重 (kg/m)	共重 (kg)
1	⌀28	4881	9	43.9	4.830	212.2
2	⌀28	4860	3	14.6	4.830	70.4
3	⌀28	5360	5	26.8	4.830	129.4
4	⌀28	1982	16	31.7	4.830	153.2
5	⌀12	3106	10	31.1	0.888	27.6
6	⌀16	均2532	30	76.0	1.580	120.1
6a	⌀16	均3332	60	199.9	1.580	315.8
7	Φ10	900	180	162.0	0.617	100.0
8	⌀12	4410	14	61.7	0.888	54.8
9	⌀12	1344	14	18.8	0.888	16.7
10	⌀12	1240	30	37.2	0.888	33.0
11	⌀12	均1338	12	16.1	0.888	14.3
12	⌀12	均319	30	9.6	0.888	8.5
13	⌀12	264	8	2.1	0.888	1.9
14	⌀12	均607	28	17.0	0.888	15.1
合计	Φ10	100.0kg				
	⌀12	171.9kg				
	⌀16	435.9kg				
	⌀28	565.2kg				

注:

1. 本图尺寸均以毫米为单位。
2. 主筋骨架之间焊缝采用双面焊缝，焊缝长度不小于140mm，且满足规范要求。
3. 横梁每个支承处设置5层钢筋网，层间距50mm，底层钢筋网到梁底底缘的距离50mm。
4. 施工时注意预埋支座钢板。
5. 本图适用于0、3号台支点横梁。

现浇钢筋混凝土连续箱梁上部结构		荷载标准：公路—Ⅱ级
跨径：3X16m	斜交角：0°	桥面宽度：5.0m
端横梁普通钢筋构造图(三)		图　号：1-6-3

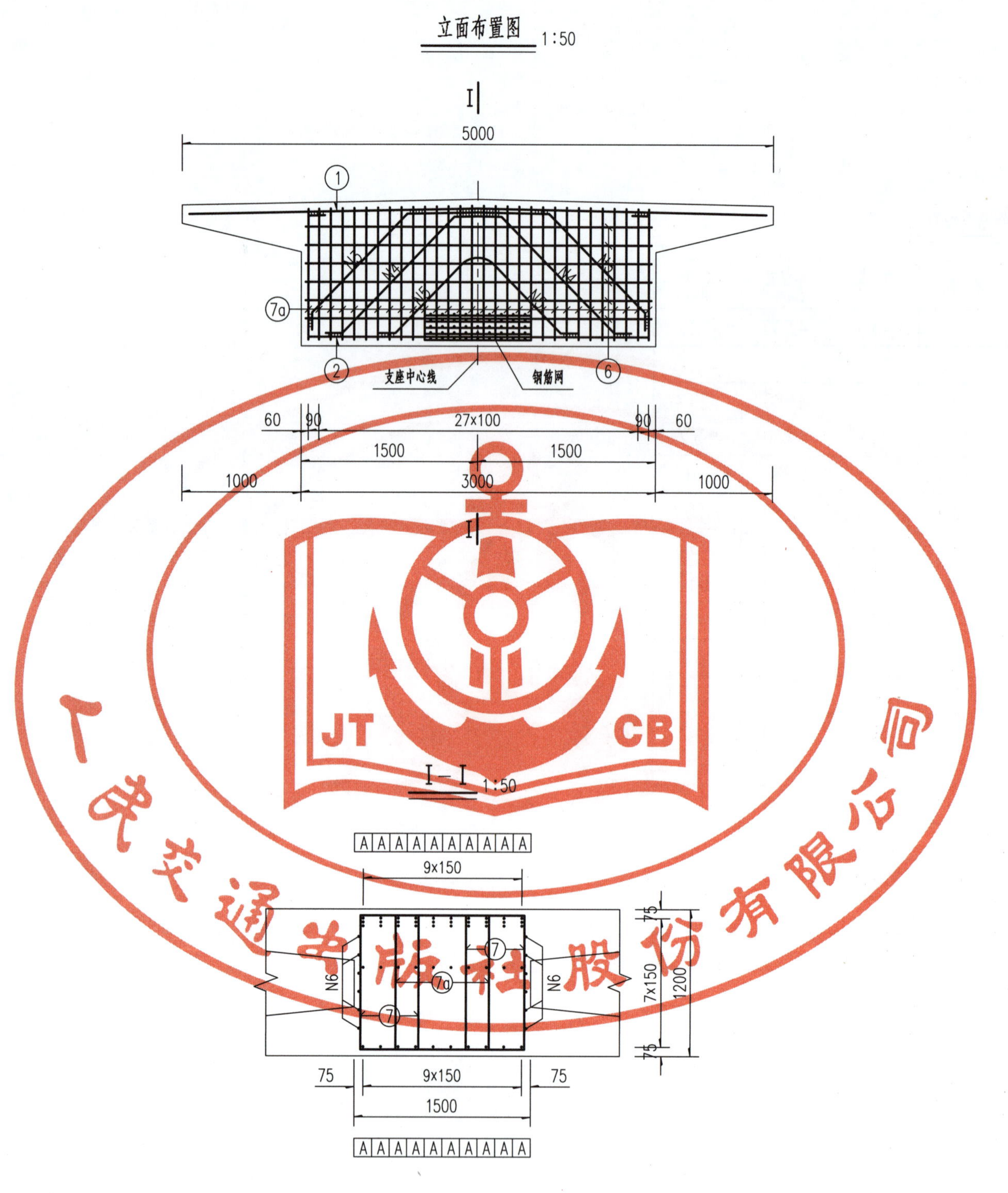

现浇钢筋混凝土连续箱梁上部结构		荷载标准：公路—Ⅱ级
跨径：3X16m	斜交角：0°	桥面宽度：5.0m
中横梁普通钢筋构造图(一)		图　号：1-7-1

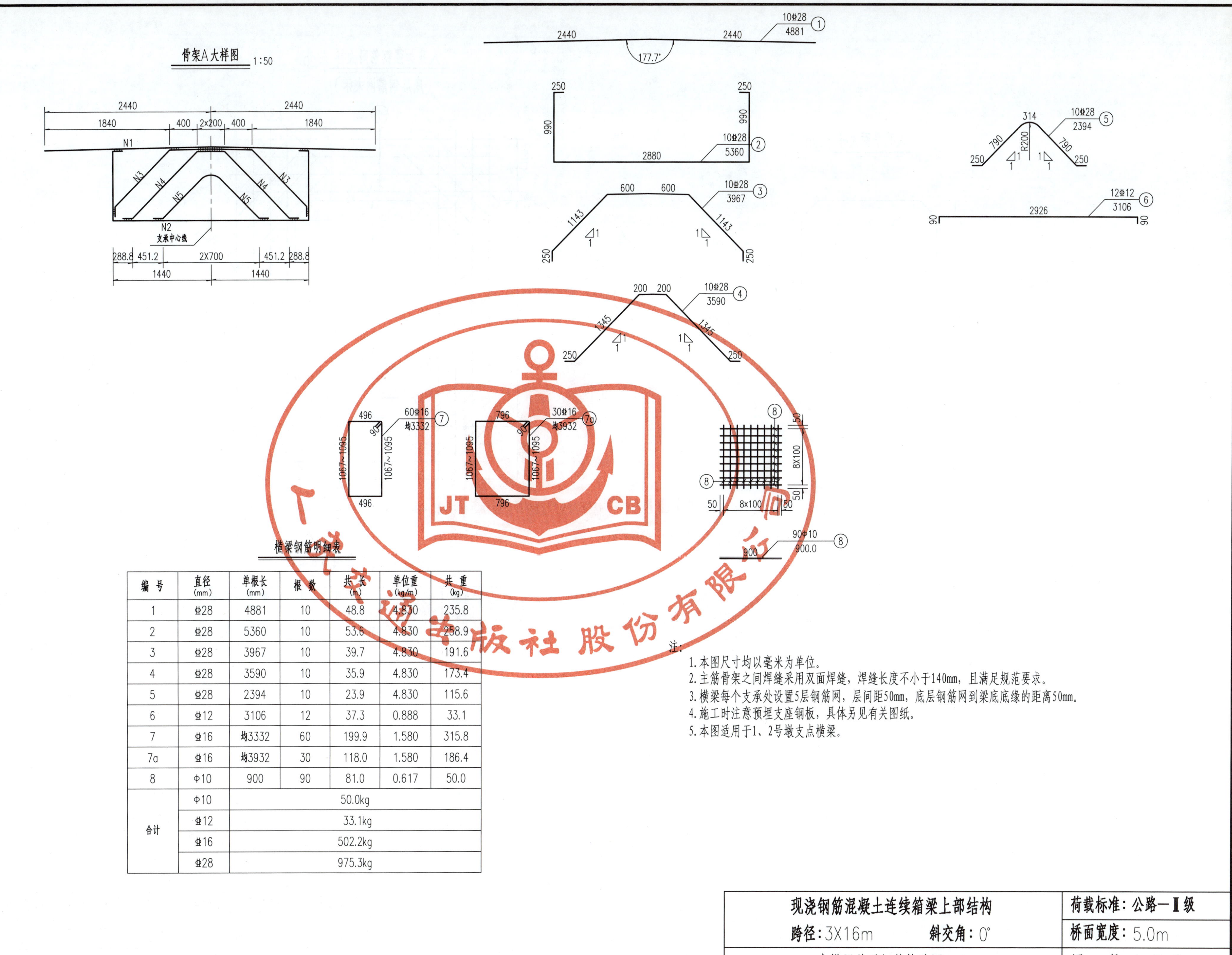

横梁钢筋明细表

编 号	直径 (mm)	单根长 (mm)	根 数	共 长 (m)	单位重 (kg/m)	共 重 (kg)
1	Φ28	4881	10	48.8	4.830	235.8
2	Φ28	5360	10	53.6	4.830	258.9
3	Φ28	3967	10	39.7	4.830	191.6
4	Φ28	3590	10	35.9	4.830	173.4
5	Φ28	2394	10	23.9	4.830	115.6
6	Φ12	3106	12	37.3	0.888	33.1
7	Φ16	均3332	60	199.9	1.580	315.8
7a	Φ16	均3932	30	118.0	1.580	186.4
8	Φ10	900	90	81.0	0.617	50.0
合计	Φ10	50.0kg				
	Φ12	33.1kg				
	Φ16	502.2kg				
	Φ28	975.3kg				

注:

1. 本图尺寸均以毫米为单位。
2. 主筋骨架之间焊缝采用双面焊缝，焊缝长度不小于140mm，且满足规范要求。
3. 横梁每个支承处设置5层钢筋网，层间距50mm，底层钢筋网到梁底底缘的距离50mm。
4. 施工时注意预埋支座钢板，具体另见有关图纸。
5. 本图适用于1、2号墩支点横梁。

现浇钢筋混凝土连续箱梁上部结构		荷载标准：公路—Ⅱ级
跨径：3X16m	斜交角：0°	桥面宽度：5.0m
中横梁普通钢筋构造图(二)		图 号：1-7-2

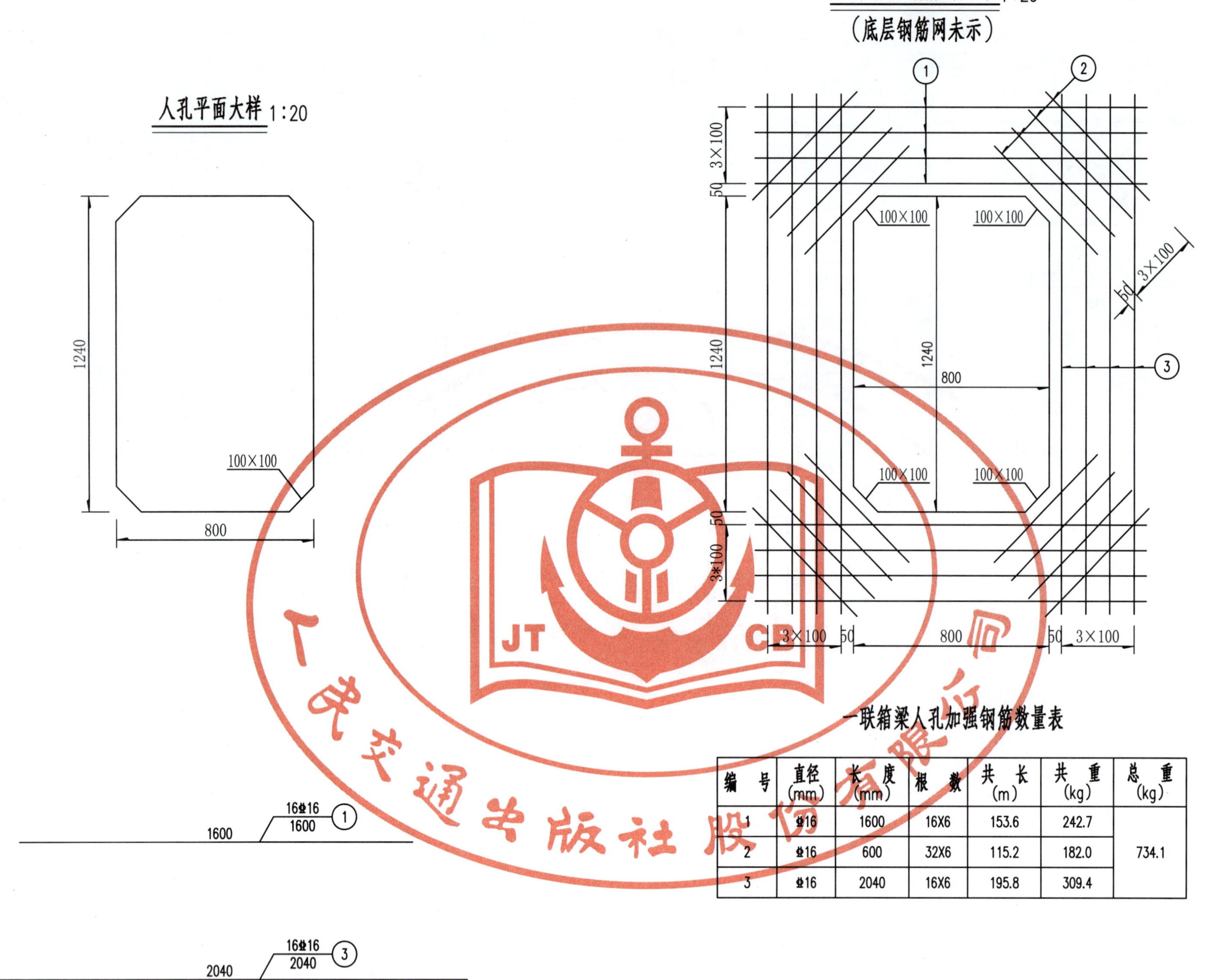

一联箱梁人孔加强钢筋数量表

编号	直径(mm)	长度(mm)	根数	共长(m)	共重(kg)	总重(kg)
1	Φ16	1600	16X6	153.6	242.7	734.1
2	Φ16	600	32X6	115.2	182.0	
3	Φ16	2040	16X6	195.8	309.4	

注：

1. 本图尺寸均以毫米为单位。
2. 内模拆除完毕后将人孔封闭。
3. 人孔加强钢筋设置上、下两层，净保护层20mm；箱梁桥面板原有钢筋在人孔处截断，应在封孔时采用“等强度”原则予以补强。

现浇钢筋混凝土连续箱梁上部结构	荷载标准：公路—Ⅱ级
跨径：3X16m　　斜交角：0°	桥面宽度：5.0m
箱梁人孔加强钢筋构造图	图　号：1—8

盆式支座布置示意图

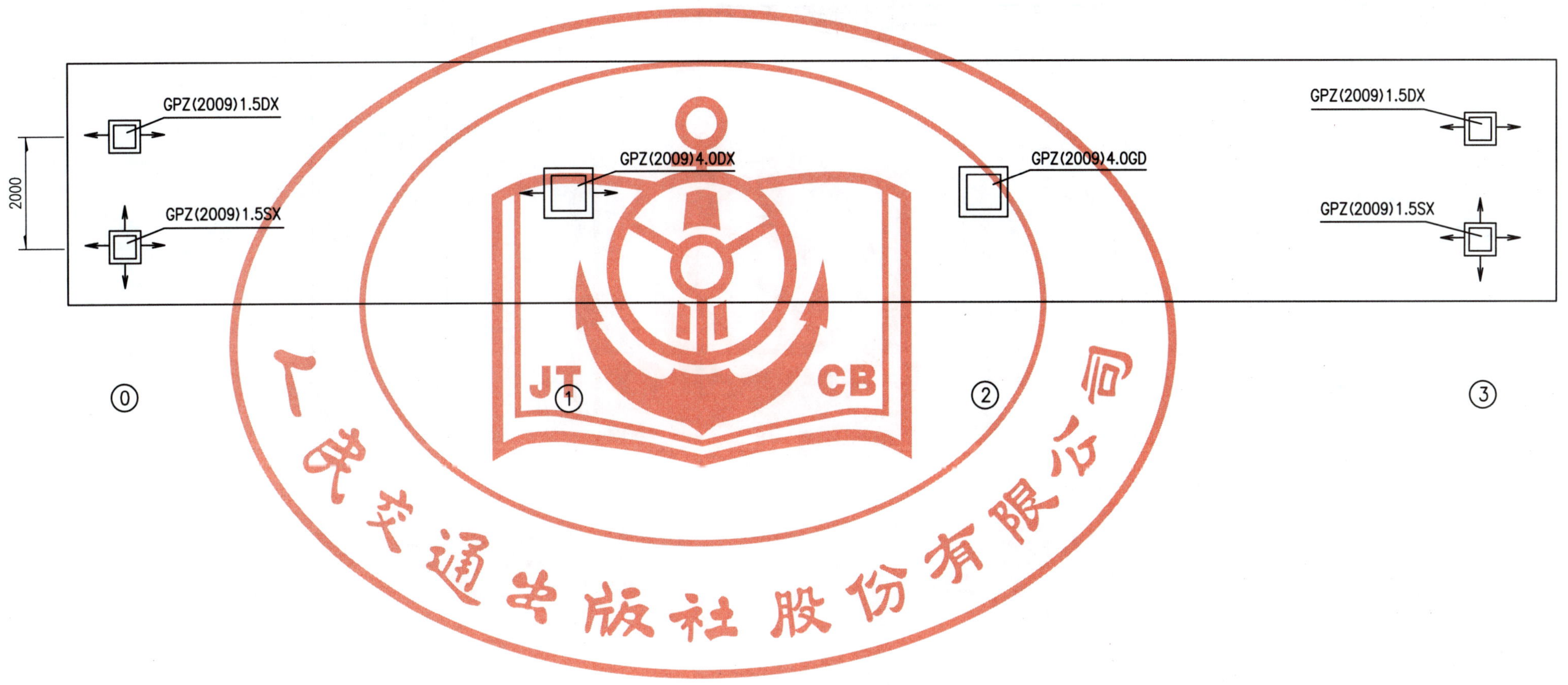

注：
1. 本图尺寸以毫米为单位。
2. 图中支座上的箭头表示支座位移方向。

现浇钢筋混凝土连续箱梁上部结构		荷载标准：公路—Ⅱ级
跨径：3X16m	斜交角：0°	桥面宽度：5.0m
支座布置示意图		图　号：1-9

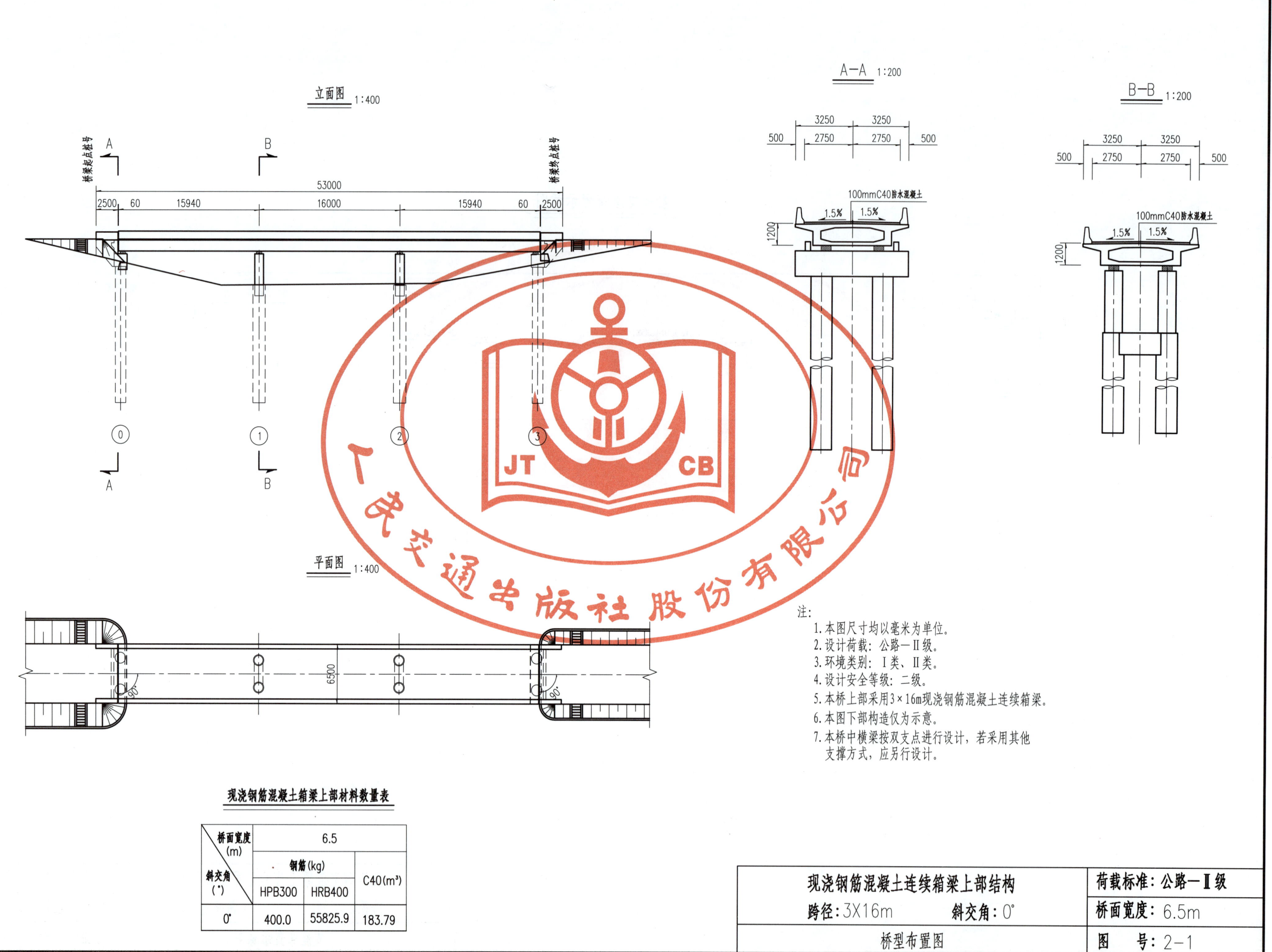

现浇钢筋混凝土箱梁上部材料数量表

桥面宽度(m) / 斜交角(°)	钢筋(kg)		C40(m³)
	6.5		
	HPB300	HRB400	
0°	400.0	55825.9	183.79

箱梁标准横断面图 1:25

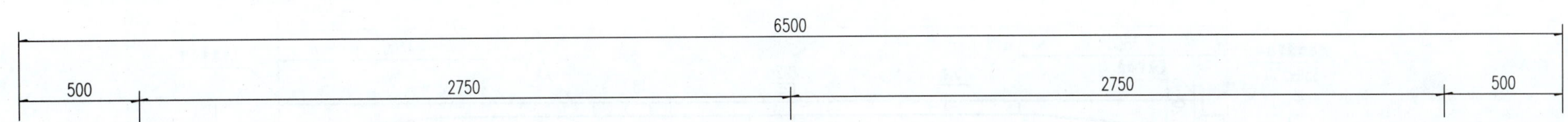

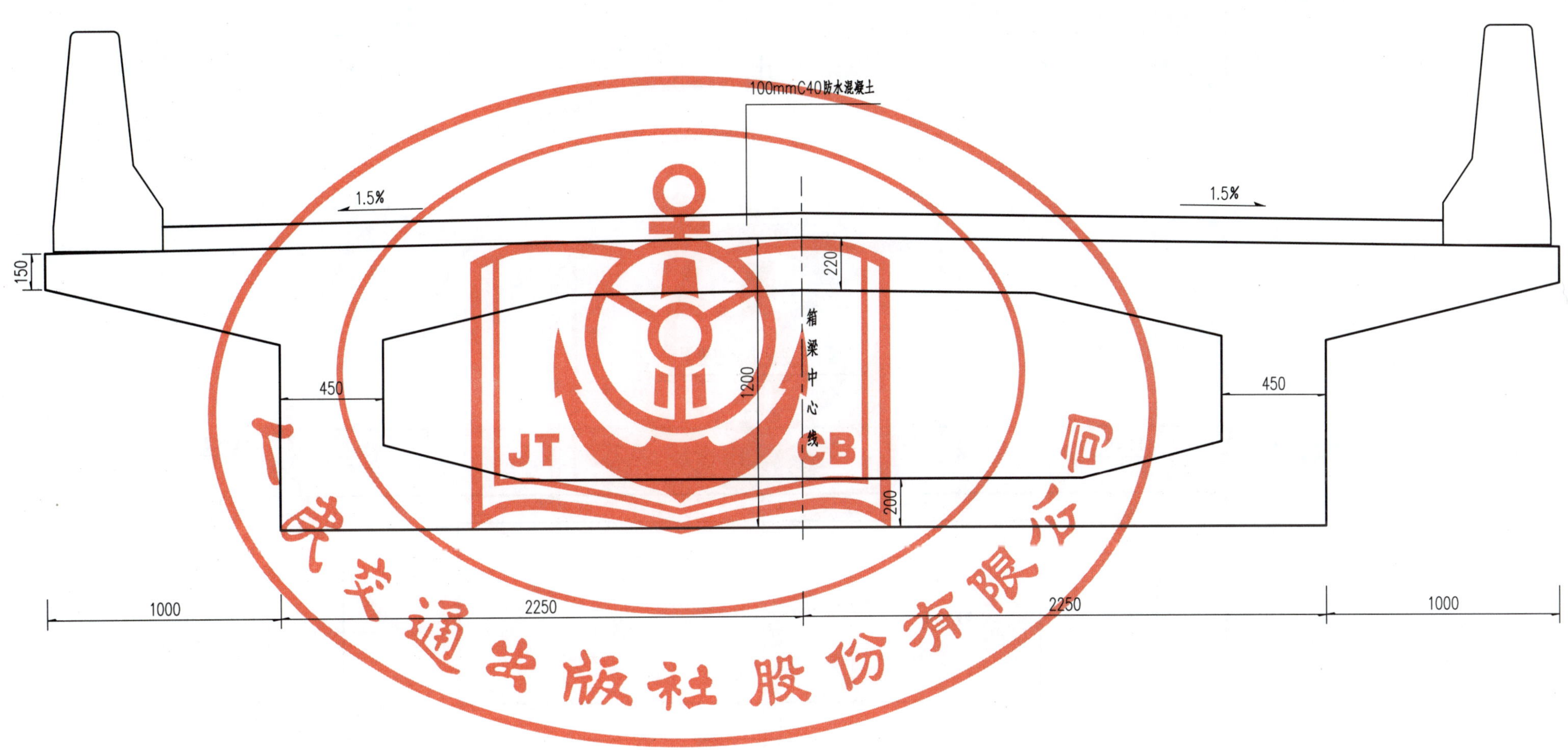

注：
本图单位均以毫米为单位。

现浇钢筋混凝土连续箱梁上部结构		荷载标准：公路—Ⅱ级
跨径：3X16m	斜交角：0°	桥面宽度：6.5m
标准横断面图		图　号：2-2

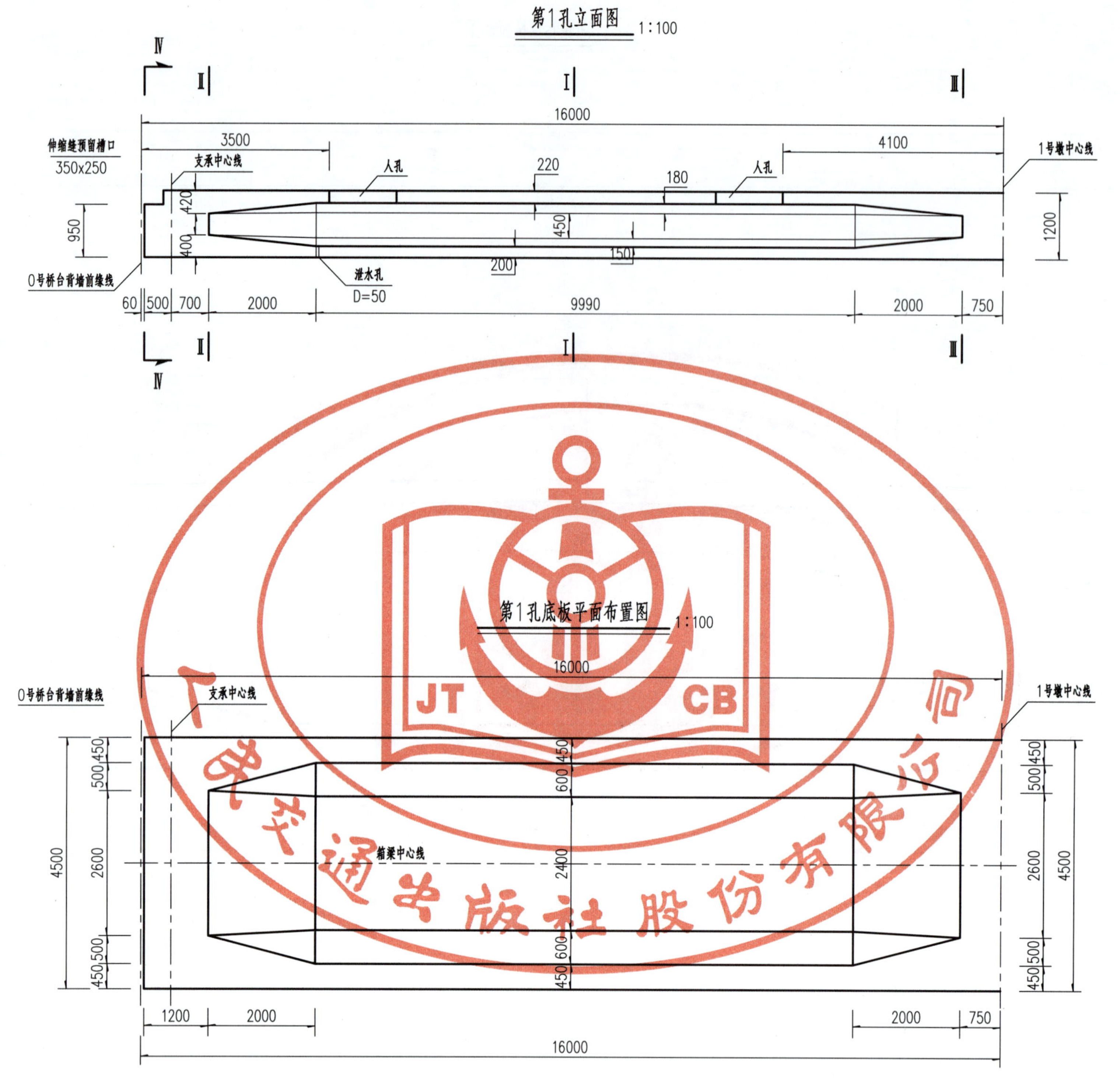

现浇钢筋混凝土连续箱梁上部结构	荷载标准：公路—Ⅱ级
跨径：3X16m 斜交角：0°	桥面宽度：6.5m
箱梁一般构造图（一）	图 号：2-3-1

第1孔顶板平面布置图 1:100

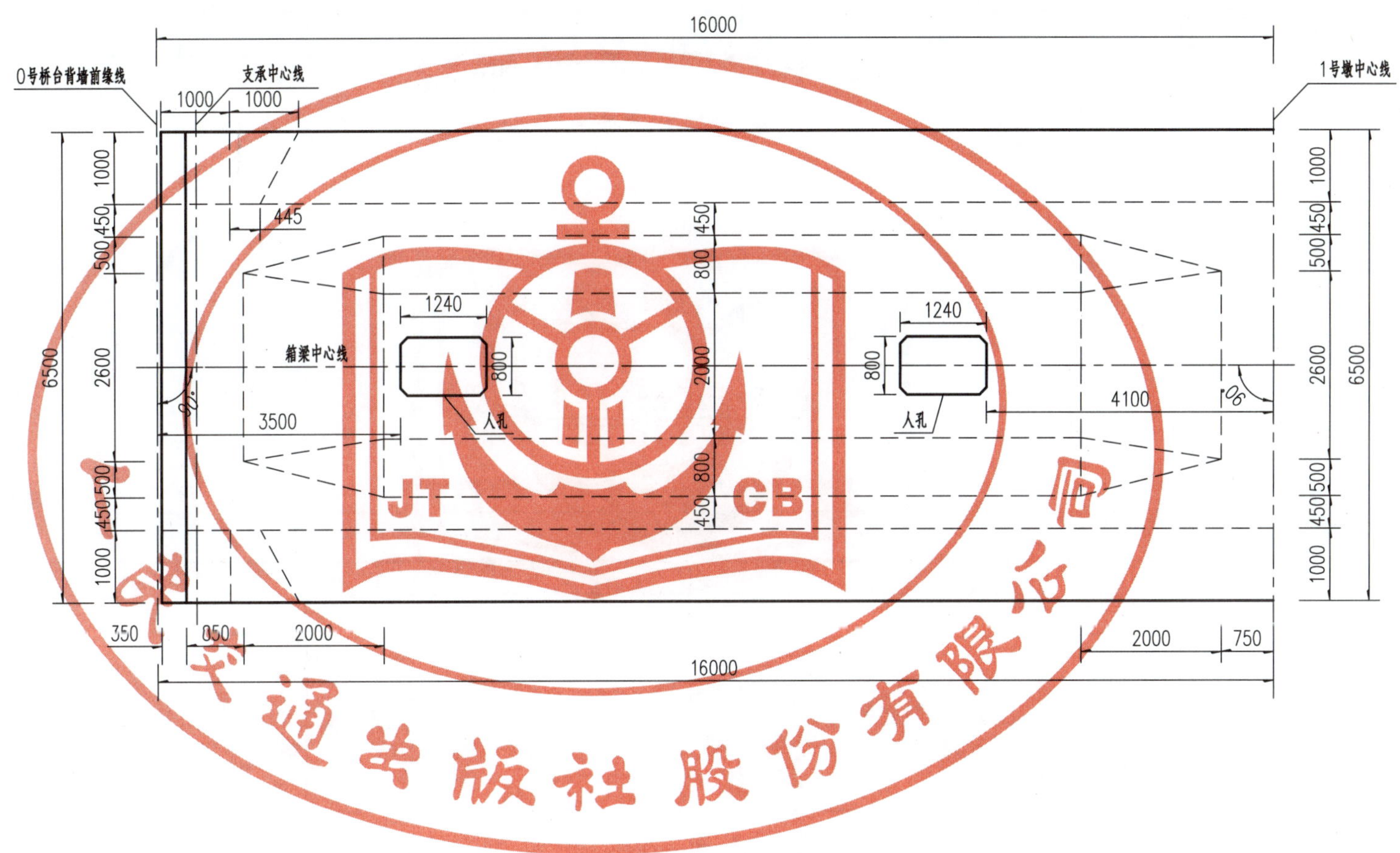

现浇钢筋混凝土连续箱梁上部结构	荷载标准：公路—Ⅱ级
跨径：3X16m　　斜交角：0°	桥面宽度：6.5m
箱梁一般构造图（二）	图　号：2-3-2

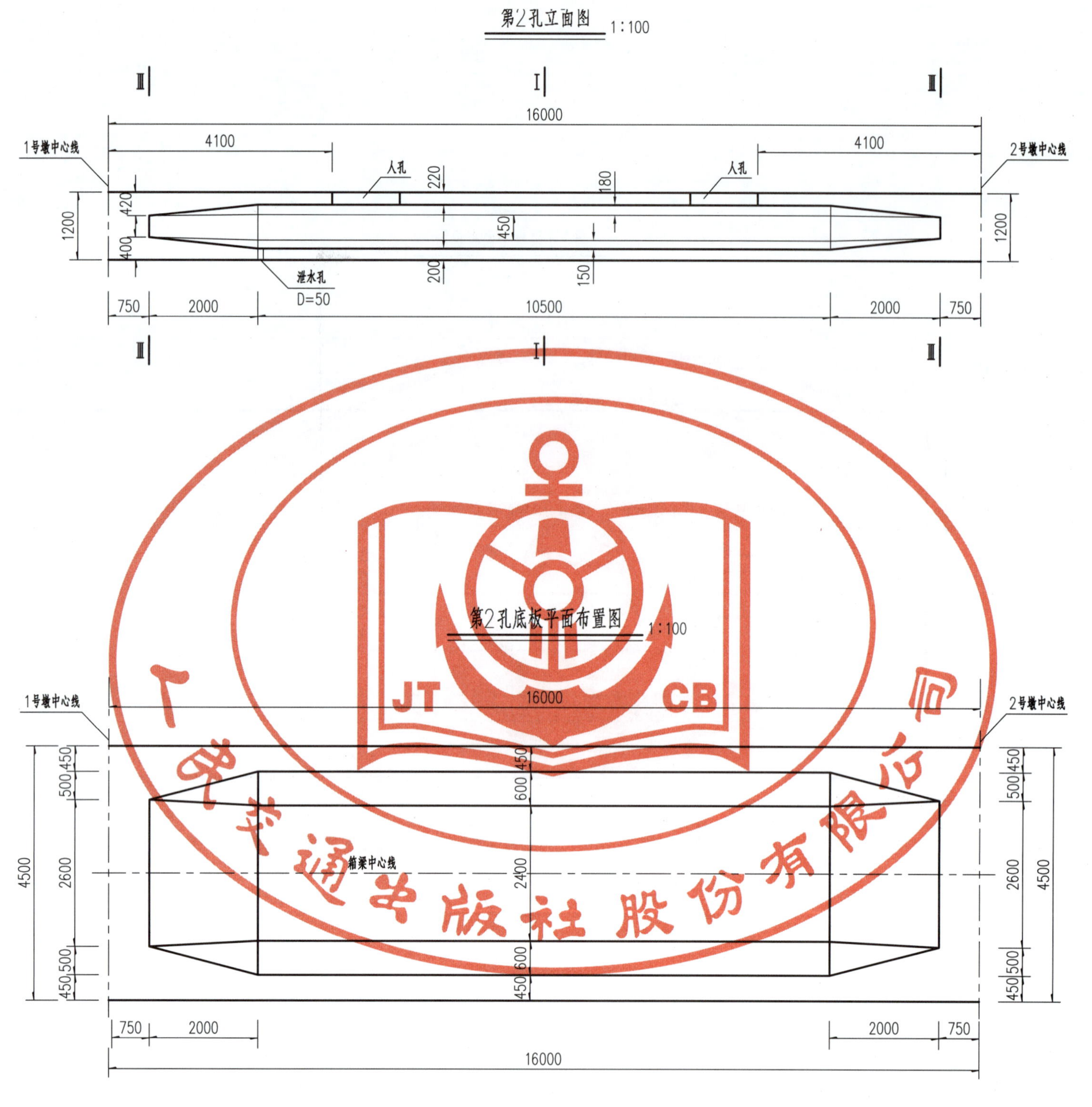

现浇钢筋混凝土连续箱梁上部结构		荷载标准：公路—Ⅱ级
跨径：3X16m	斜交角：0°	桥面宽度：6.5m
箱梁一般构造图（三）		图　号：2-3-3

第2孔顶板平面布置图 1:100

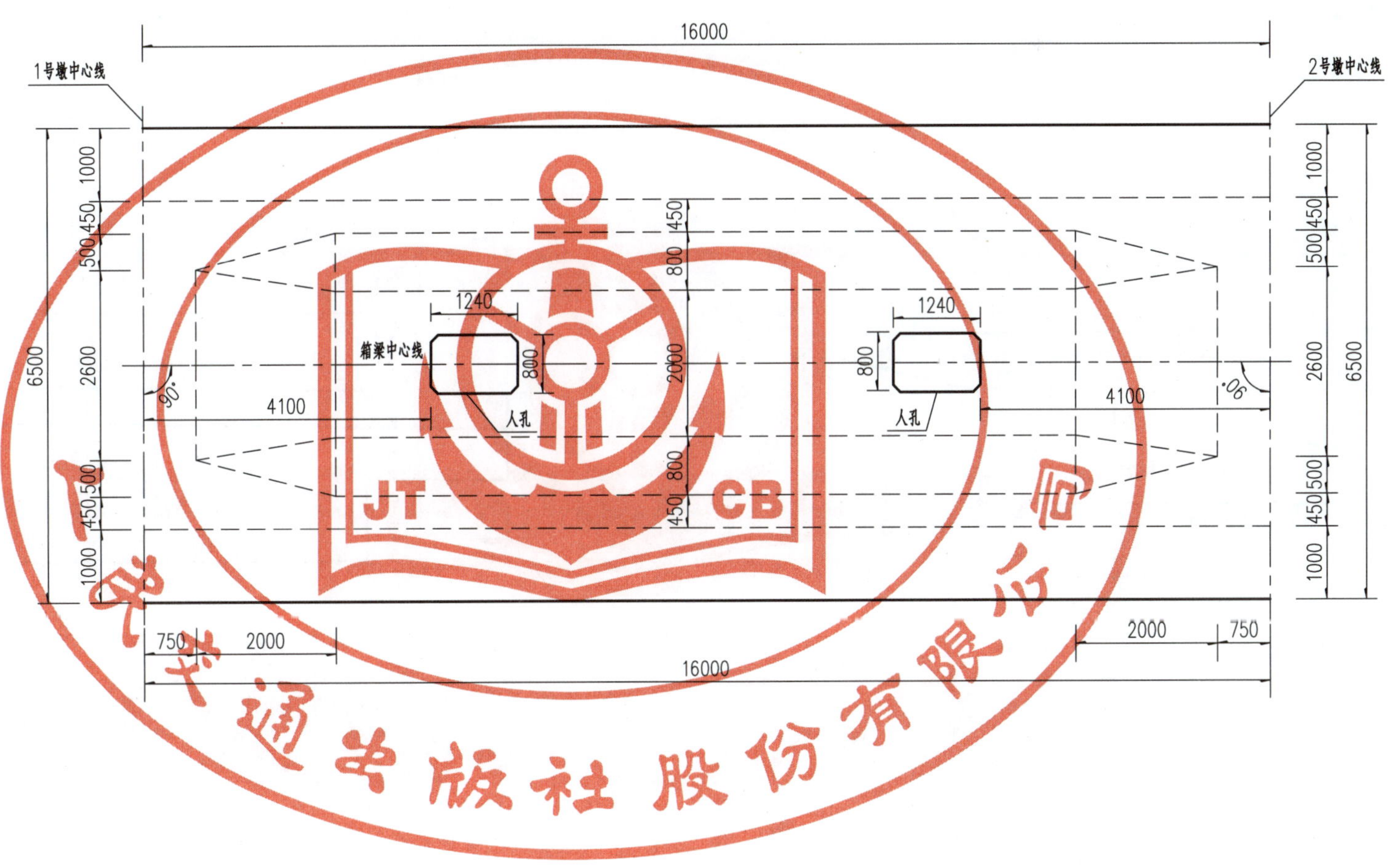

现浇钢筋混凝土连续箱梁上部结构	荷载标准：公路—Ⅱ级
跨径：3X16m　斜交角：0°	桥面宽度：6.5m
箱梁一般构造图（四）	图　号：2-3-4

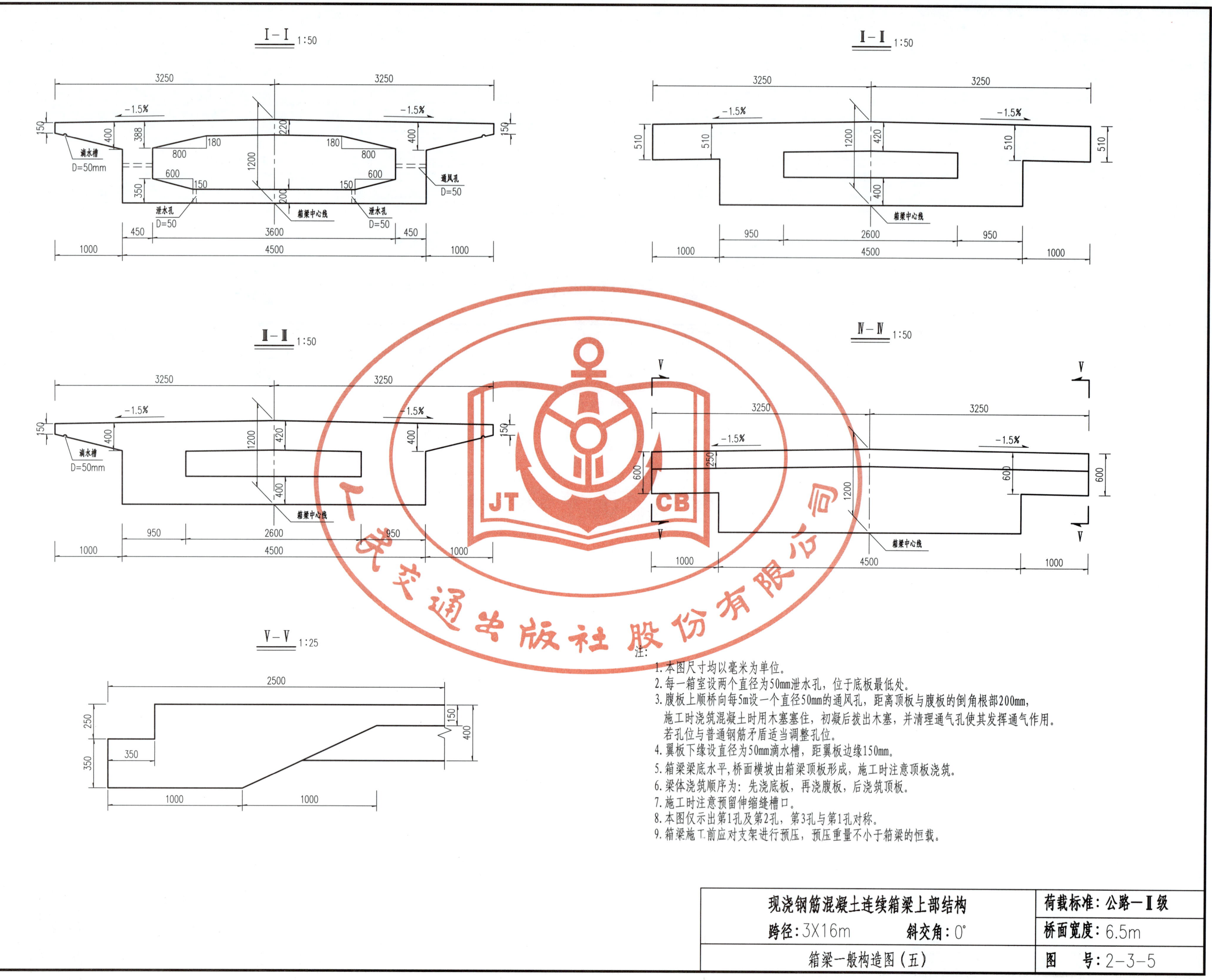

Ⅰ－Ⅰ 1:50
Ⅱ－Ⅱ 1:50
Ⅲ－Ⅲ 1:50
Ⅳ－Ⅳ 1:50
Ⅴ－Ⅴ 1:25
－1.5%
滴水槽
D=50mm
通风孔
D=50
泄水孔
D=50
箱梁中心线
注:
1.本图尺寸均以毫米为单位。
2.每一箱室设两个直径为50mm泄水孔，位于底板最低处。
3.腹板上顺桥向每5m设一个直径50mm的通风孔，距离顶板与腹板的倒角根部200mm，
施工时浇筑混凝土时用木塞塞住，初凝后拔出木塞，并清理通气孔使其发挥通气作用。
若孔位与普通钢筋矛盾适当调整孔位。
4.翼板下缘设直径为50mm滴水槽，距翼板边缘150mm。
5.箱梁梁底水平,桥面横坡由箱梁顶板形成，施工时注意顶板浇筑。
6.梁体浇筑顺序为：先浇底板，再浇腹板，后浇筑顶板。
7.施工时注意预留伸缩缝槽口。
8.本图仅示出第1孔及第2孔，第3孔与第1孔对称。
9.箱梁施工前应对支架进行预压，预压重量不小于箱梁的恒载。
现浇钢筋混凝土连续箱梁上部结构
跨径:3X16m
斜交角:0°
荷载标准:公路—Ⅱ级
桥面宽度:6.5m
箱梁一般构造图（五）
图 号:2-3-5

第1孔钢筋立面布置图 1:75

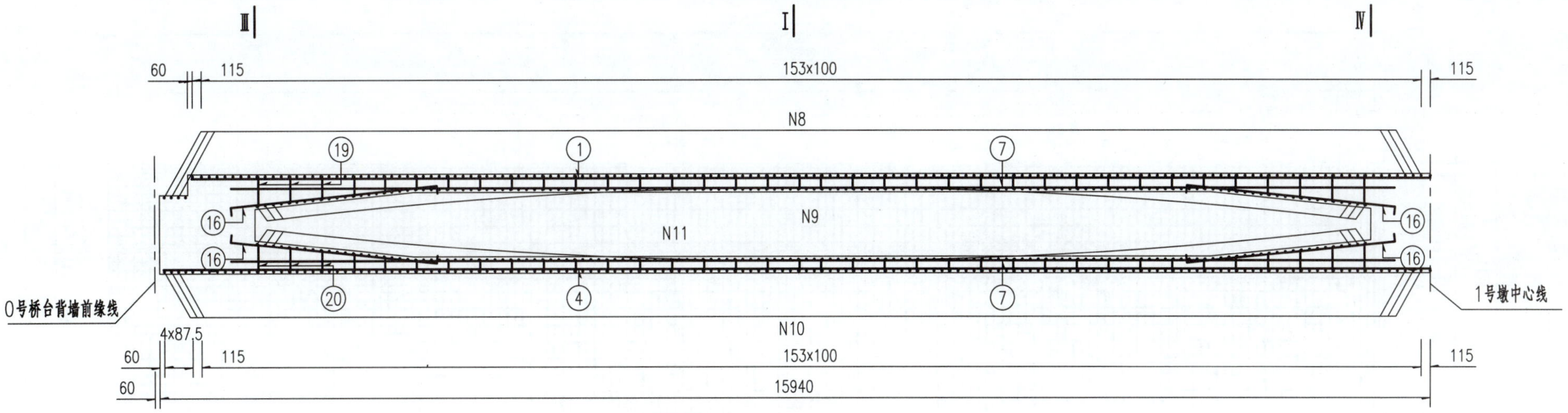

第1孔底板底层钢筋平面布置图 1:75

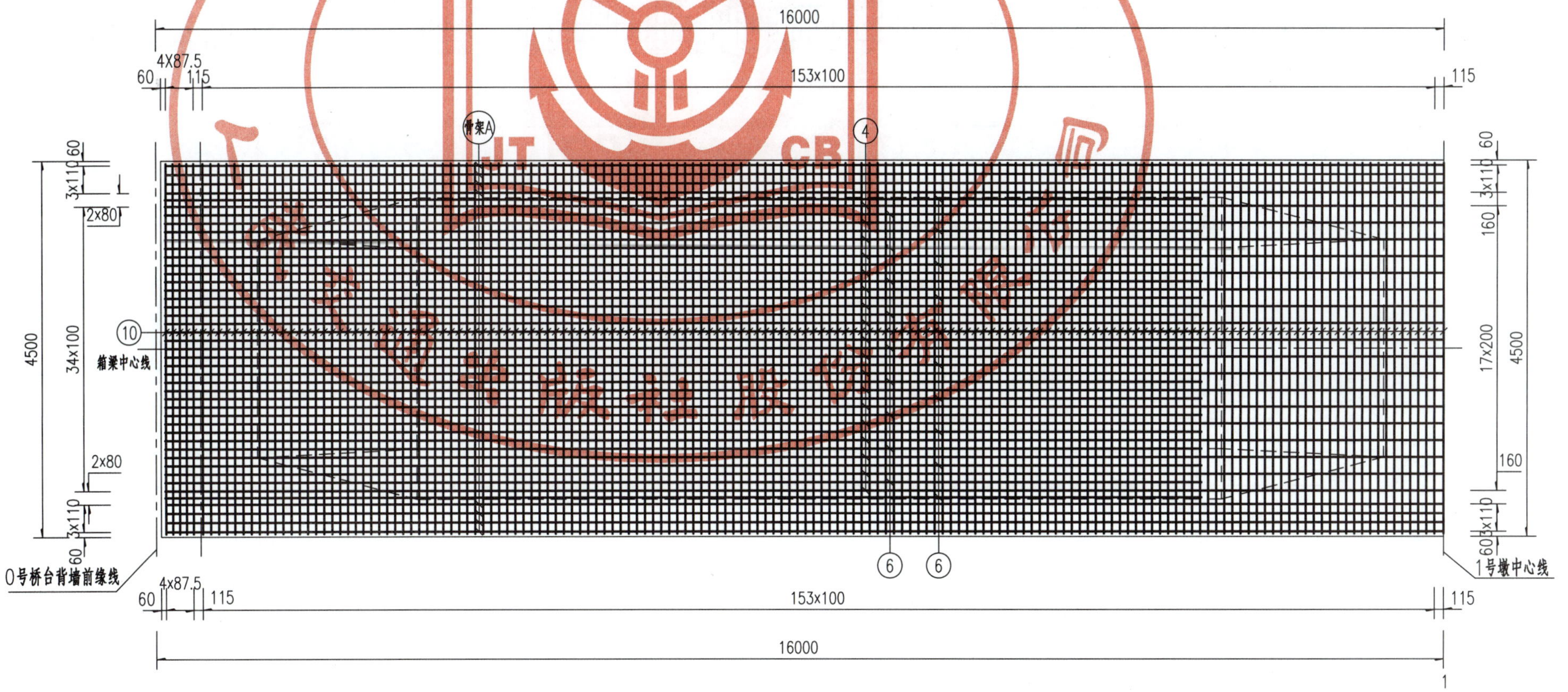

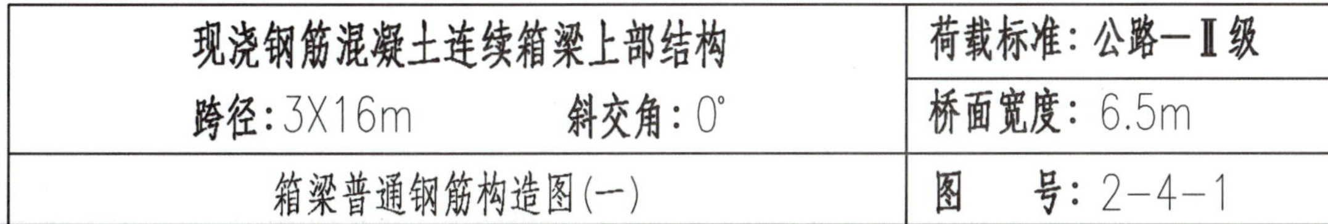

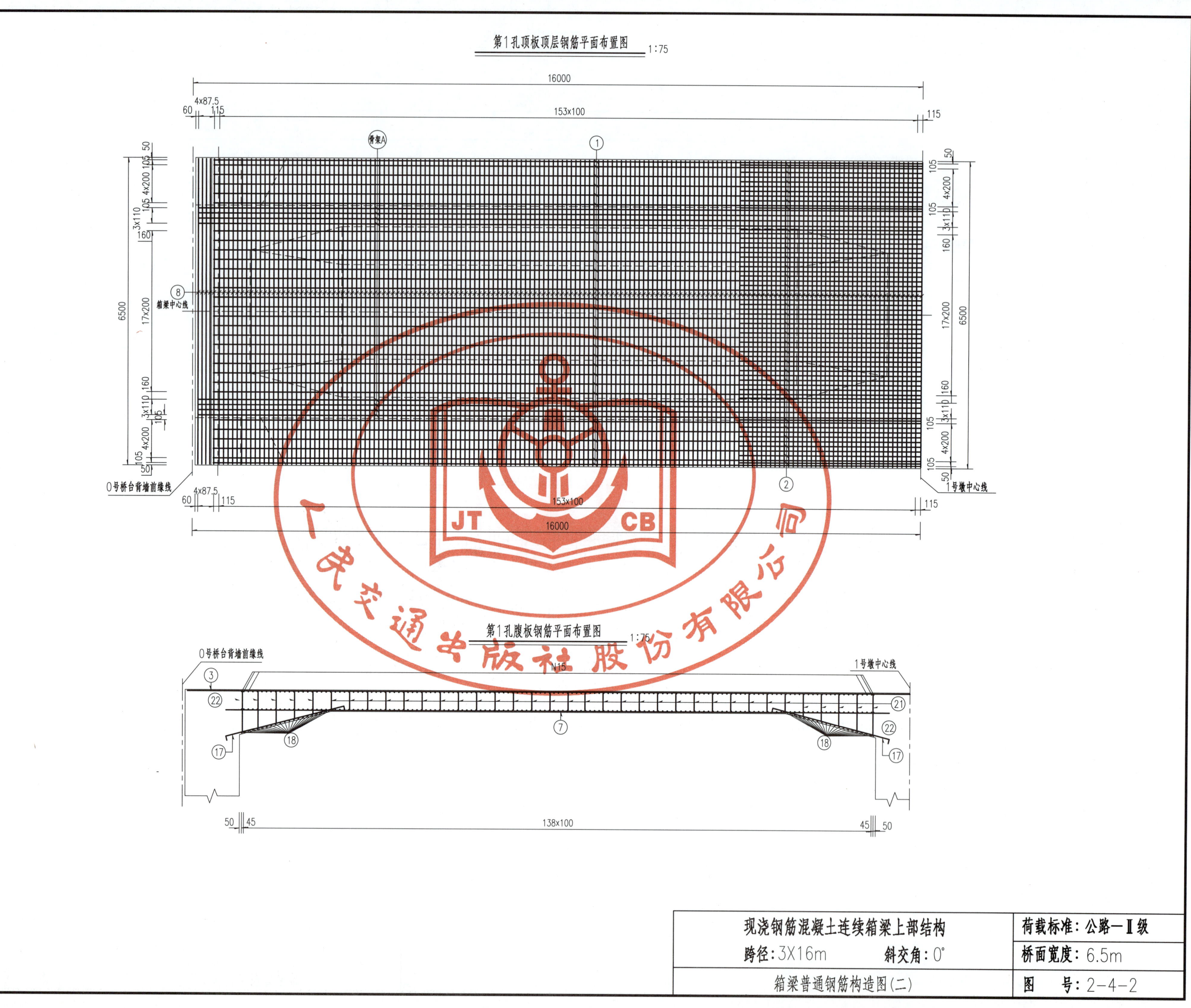

现浇钢筋混凝土连续箱梁上部结构	荷载标准：公路—Ⅱ级
跨径：3X16m 斜交角：0°	桥面宽度：6.5m
箱梁普通钢筋构造图(二)	图 号：2-4-2

第2孔钢筋立面布置图 1:75

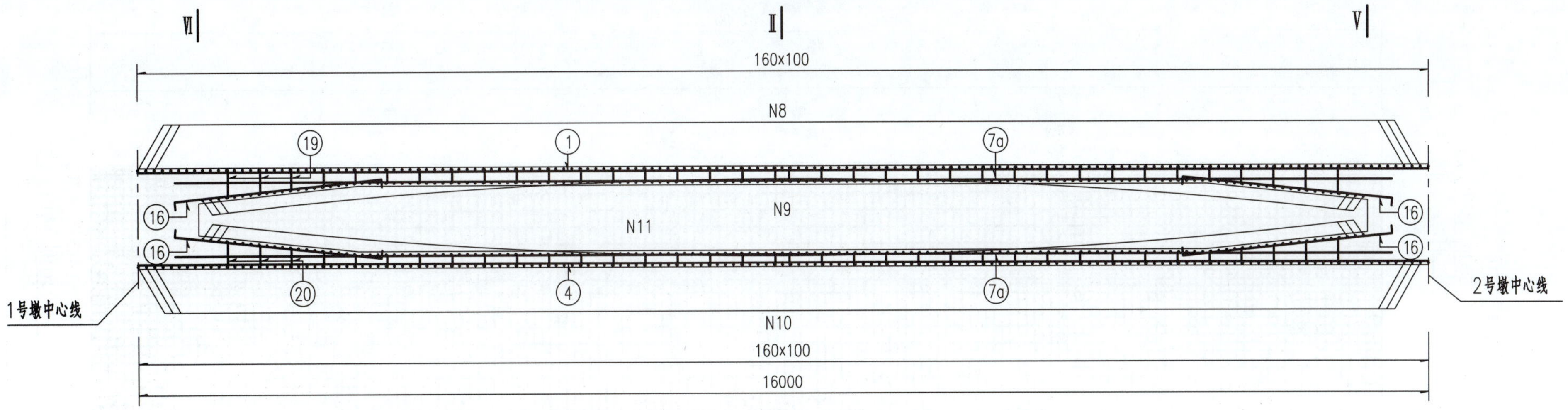

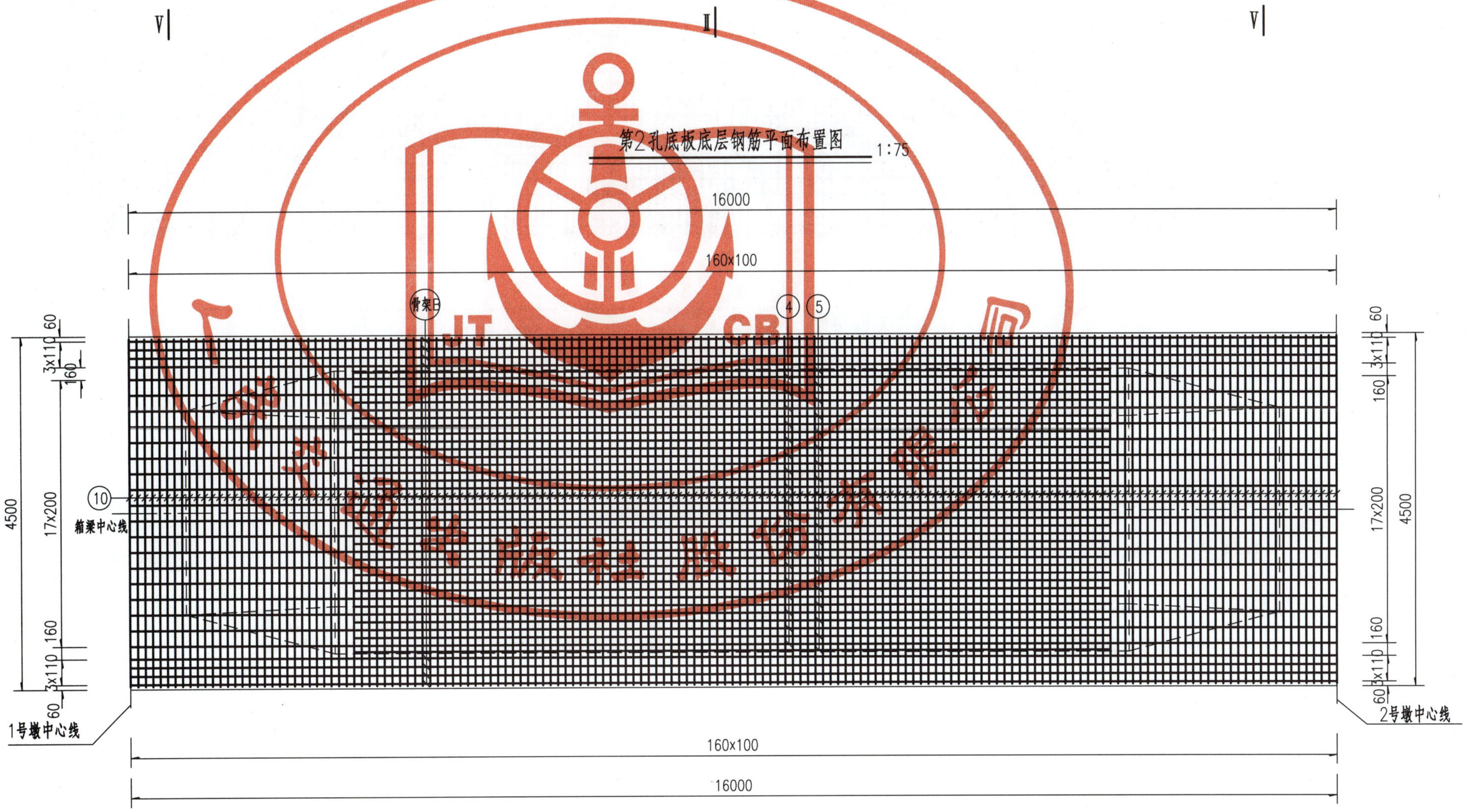

VI　II　V

160x100

N8

⑲　①　⑦a

⑯　⑯　N9　N11　⑯　⑯

⑳　④　⑦a

1号墩中心线　2号墩中心线

N10

160x100

16000

第2孔底板底层钢筋平面布置图 1:75

V　II　V

16000

160x100

⑩　④　⑤

4500　17x200　3x110　160　60

箱梁中心线

1号墩中心线　2号墩中心线

160x100

16000

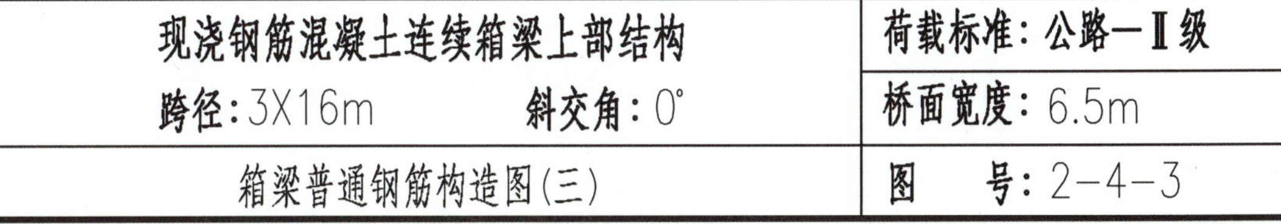

现浇钢筋混凝土连续箱梁上部结构		荷载标准：公路—II级
跨径：3X16m	斜交角：0°	桥面宽度：6.5m
箱梁普通钢筋构造图(三)		图　号：2-4-3

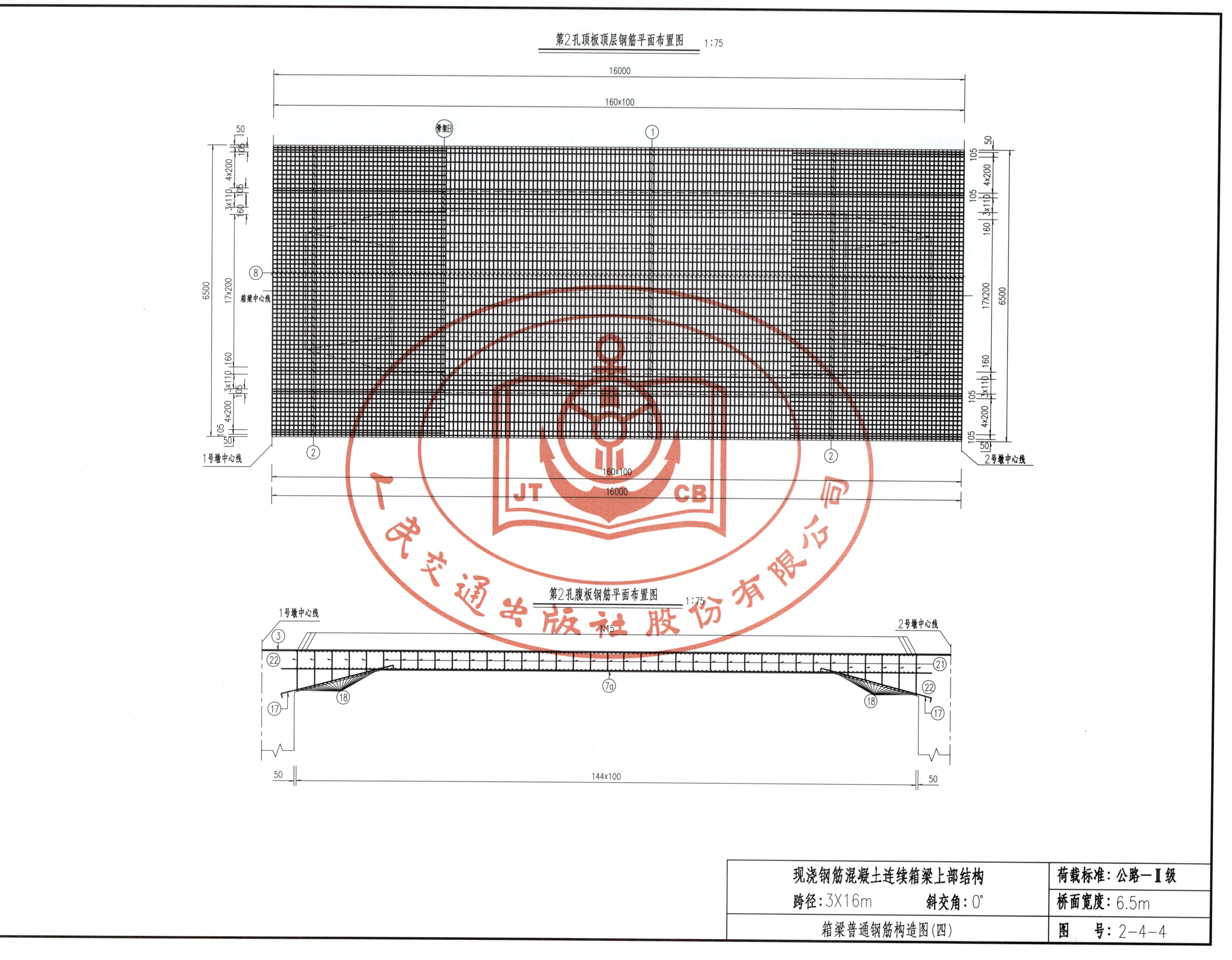

现浇钢筋混凝土连续箱梁上部结构		荷载标准：公路—Ⅱ级
跨径：3X16m	斜交角：0°	桥面宽度：6.5m
箱梁普通钢筋构造图(四)		图 号：2-4-4

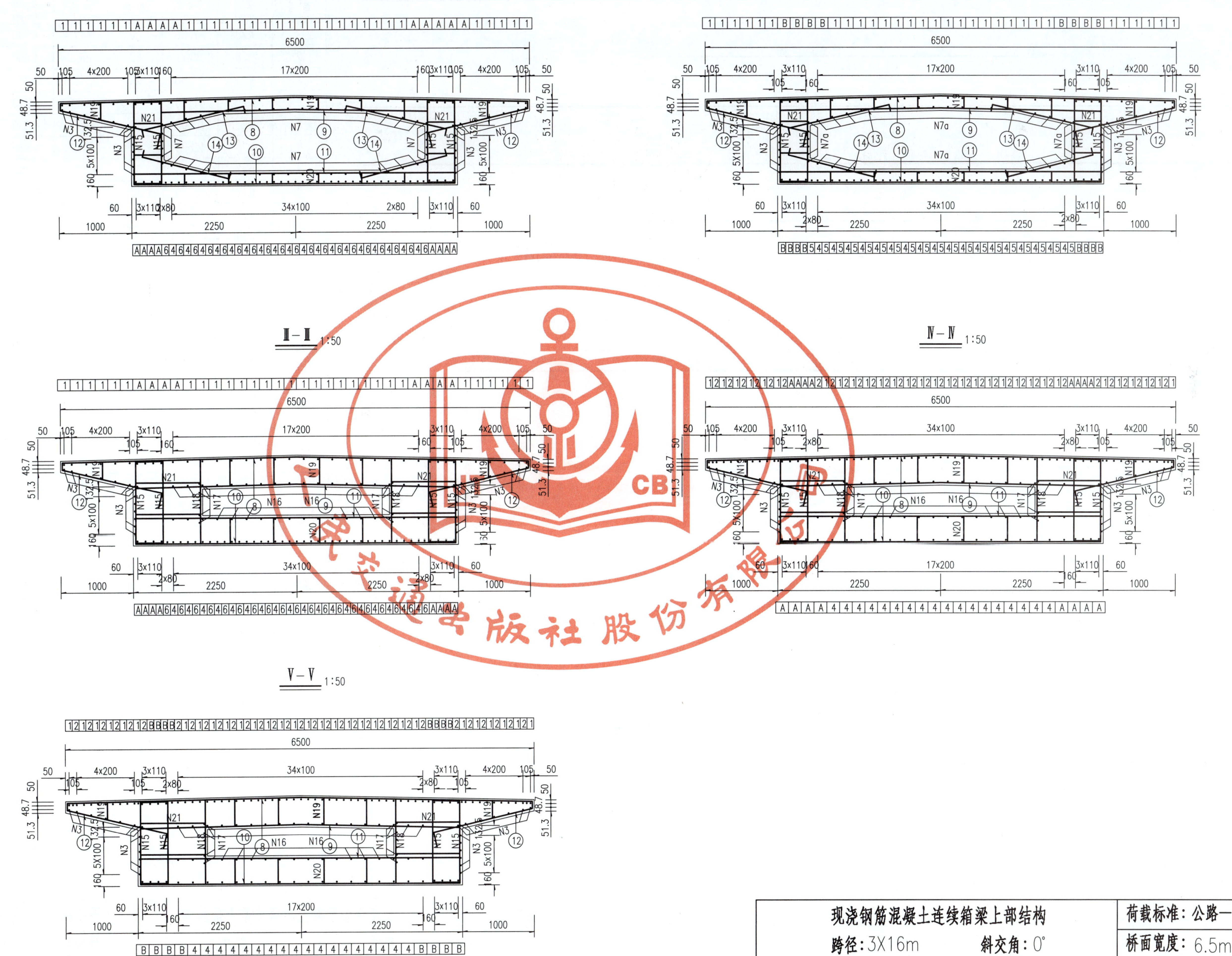

现浇钢筋混凝土连续箱梁上部结构		荷载标准：公路—II级
跨径：3X16m	斜交角：0°	桥面宽度：6.5m
箱梁普通钢筋构造图(五)		图　号：2-4-5

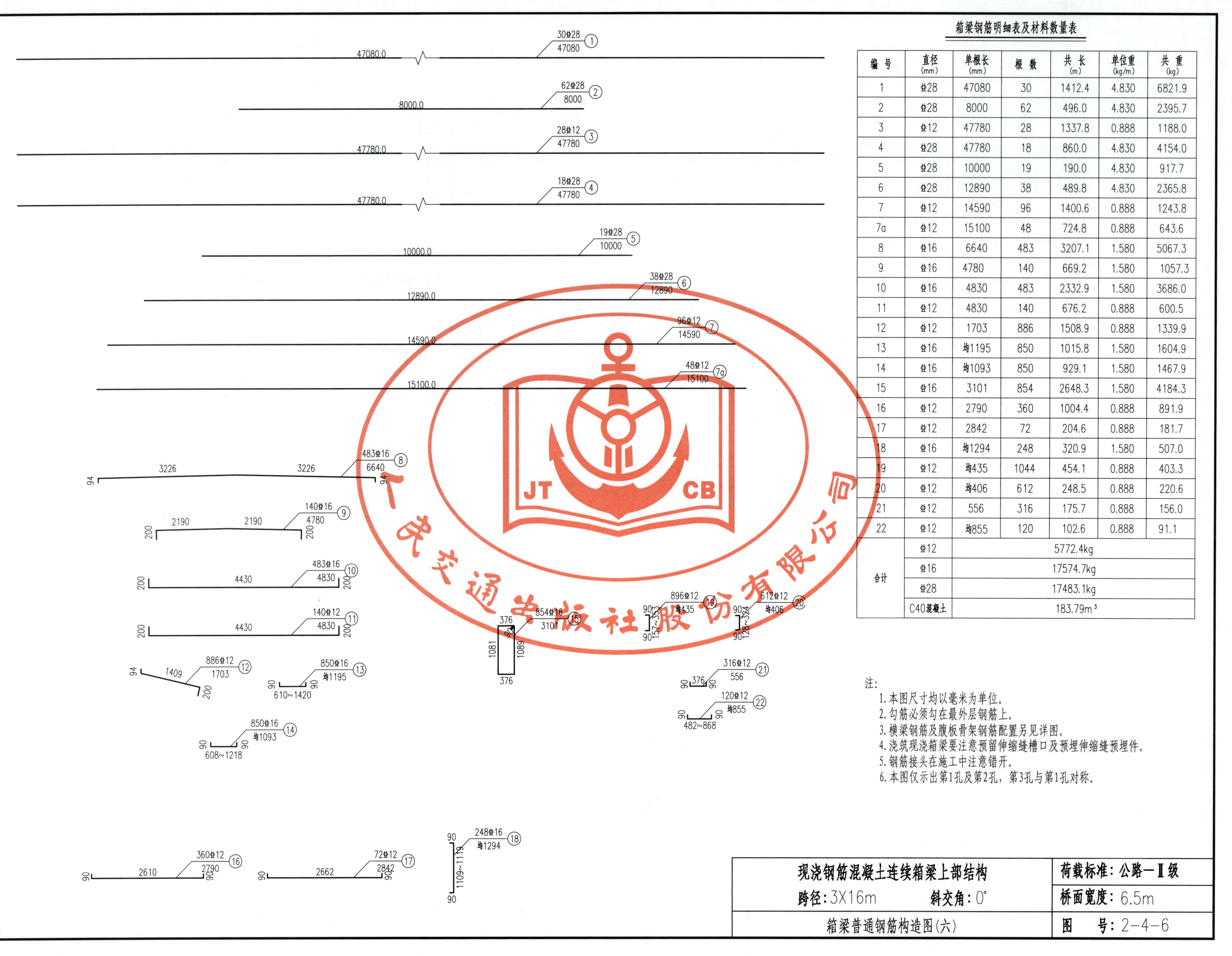

箱梁钢筋明细表及材料数量表

编号	直径(mm)	单根长(mm)	根数	共长(m)	单位重(kg/m)	共重(kg)
1	⌀28	47080	30	1412.4	4.830	6821.9
2	⌀28	8000	62	496.0	4.830	2395.7
3	⌀12	47780	28	1337.8	0.888	1188.0
4	⌀28	47780	18	860.0	4.830	4154.0
5	⌀28	10000	19	190.0	4.830	917.7
6	⌀28	12890	38	489.8	4.830	2365.8
7	⌀12	14590	96	1400.6	0.888	1243.8
7a	⌀12	15100	48	724.8	0.888	643.6
8	⌀16	6640	483	3207.1	1.580	5067.3
9	⌀16	4780	140	669.2	1.580	1057.3
10	⌀16	4830	483	2332.9	1.580	3686.0
11	⌀12	4830	140	676.2	0.888	600.5
12	⌀12	1703	886	1508.9	0.888	1339.9
13	⌀16	均1195	850	1015.8	1.580	1604.9
14	⌀16	均1093	850	929.1	1.580	1467.9
15	⌀16	3101	854	2648.3	1.580	4184.3
16	⌀12	2790	360	1004.4	0.888	891.9
17	⌀12	2842	72	204.6	0.888	181.7
18	⌀16	均1294	248	320.9	1.580	507.0
19	⌀12	均435	1044	454.1	0.888	403.3
20	⌀12	均406	612	248.5	0.888	220.6
21	⌀12	556	316	175.7	0.888	156.0
22	⌀12	均855	120	102.6	0.888	91.1
合计	⌀12	5772.4kg				
	⌀16	17574.7kg				
	⌀28	17483.1kg				
	C40混凝土	183.79m³				

注:

1. 本图尺寸均以毫米为单位。
2. 勾筋必须勾在最外层钢筋上。
3. 横梁钢筋及腹板骨架钢筋配置另见详图。
4. 浇筑现浇箱梁要注意预留伸缩缝槽口及预埋伸缩缝预埋件。
5. 钢筋接头在施工中注意错开。
6. 本图仅示出第1孔及第2孔，第3孔与第1孔对称。

现浇钢筋混凝土连续箱梁上部结构	荷载标准：公路—Ⅱ级
跨径：3X16m 斜交角：0°	桥面宽度：6.5m
箱梁普通钢筋构造图(六)	图 号：2-4-6

第1孔骨架A立面 1:75

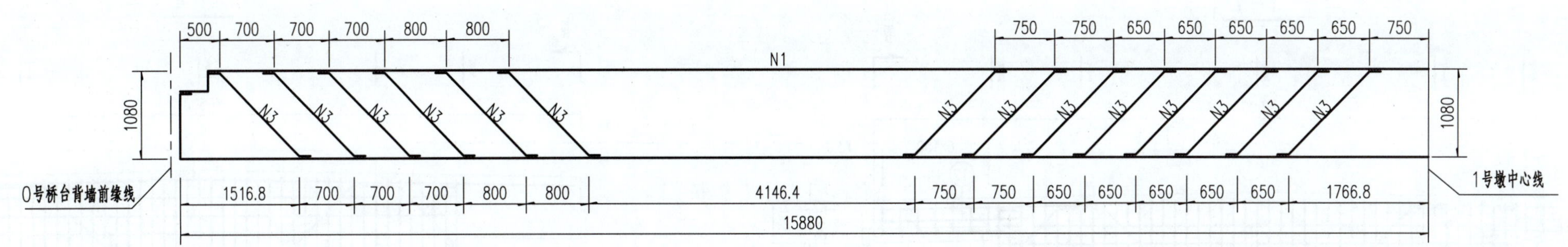

第2孔骨架B立面 1:75

750 650 650 650 650 650 750 750 | 750 750 650 650 650 650 650 750

N1

N3

1080

1号墩中心线

1766.8 650 650 650 650 650 750 750 2966.4 750 750 650 650 650 650 650 1766.8

16000

2号墩中心线

① 1⌀28 48260：47060，350，250，250，350

② 1⌀28 49756：47760，250，250，748，748

③ 44⌀28 1867：250，1367，250，1:1

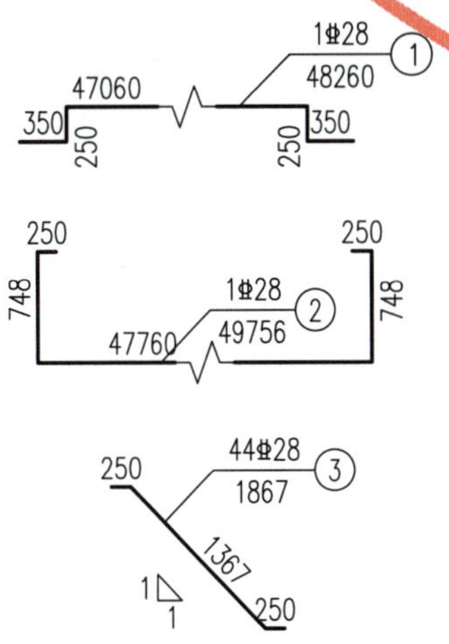

箱梁一片骨架钢筋明细表

编号	钢筋直径 (mm)	单根长 (mm)	一片骨架根数	共长 (m)	单位重 (kg/m)	共重 (kg)
1	⌀28	48260	1	48.3	4.830	233.1
2	⌀28	49756	1	49.8	4.830	240.6
3	⌀28	1867	44	82.1	4.830	396.5

注：
1. 本图尺寸均以毫米为单位。
2. 主筋骨架之间焊缝均采用双面焊缝，焊缝长度不小于140mm，且满足规范要求。
3. 本图仅示出第1孔及第2孔，第3孔与第1孔对称。
4. 骨架钢筋数量表中未计钢筋搭接及损耗数量。

现浇钢筋混凝土连续箱梁上部结构		荷载标准：公路—Ⅱ级
跨径：3X16m	斜交角：0°	桥面宽度：6.5m
箱梁骨架钢筋构造图		图　号：2-5

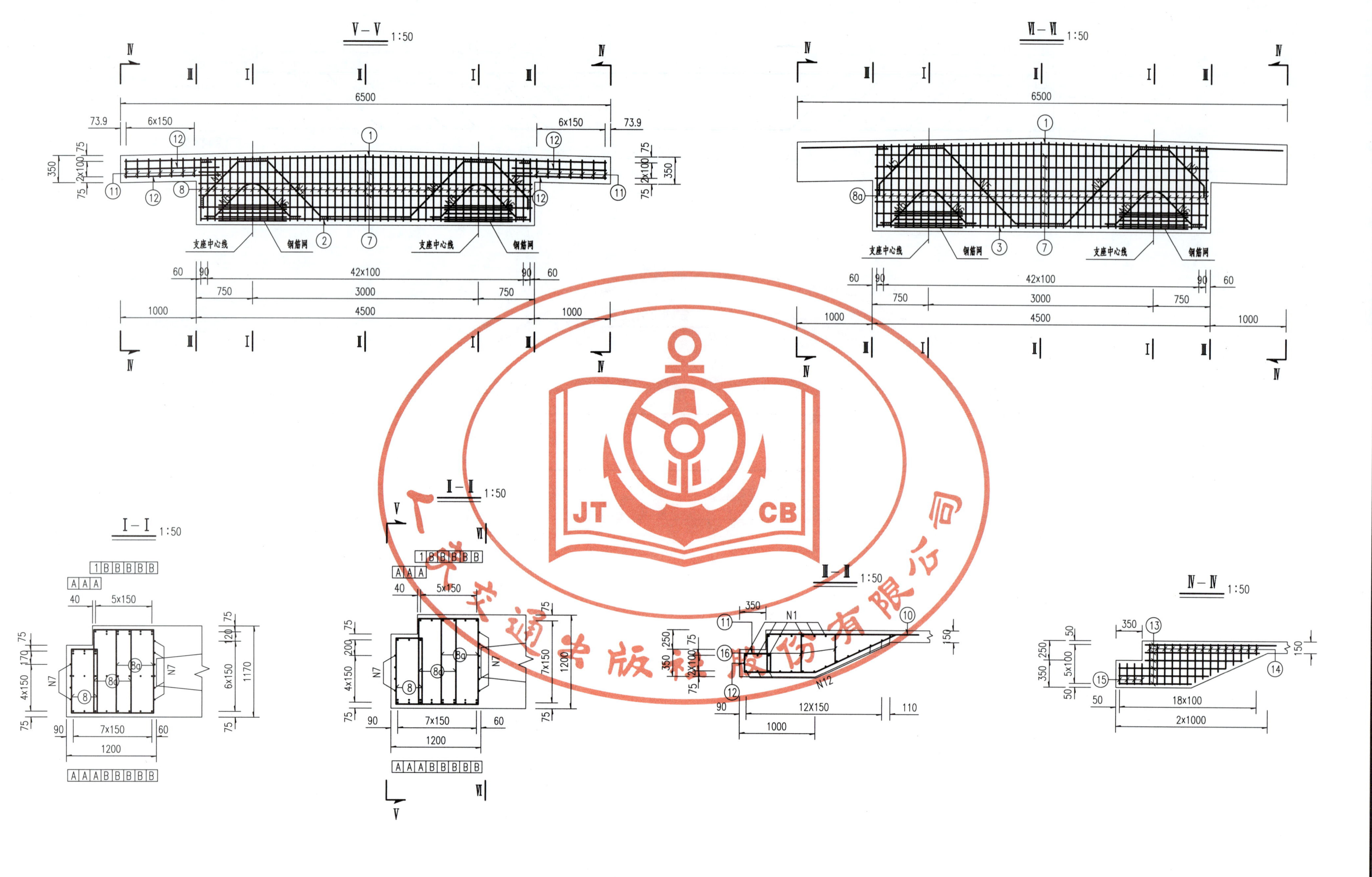

现浇钢筋混凝土连续箱梁上部结构	荷载标准：公路—Ⅱ级
跨径：3X16m　　斜交角：0°	桥面宽度：6.5m
端横梁普通钢筋构造图(一)	图　号：2-6-1

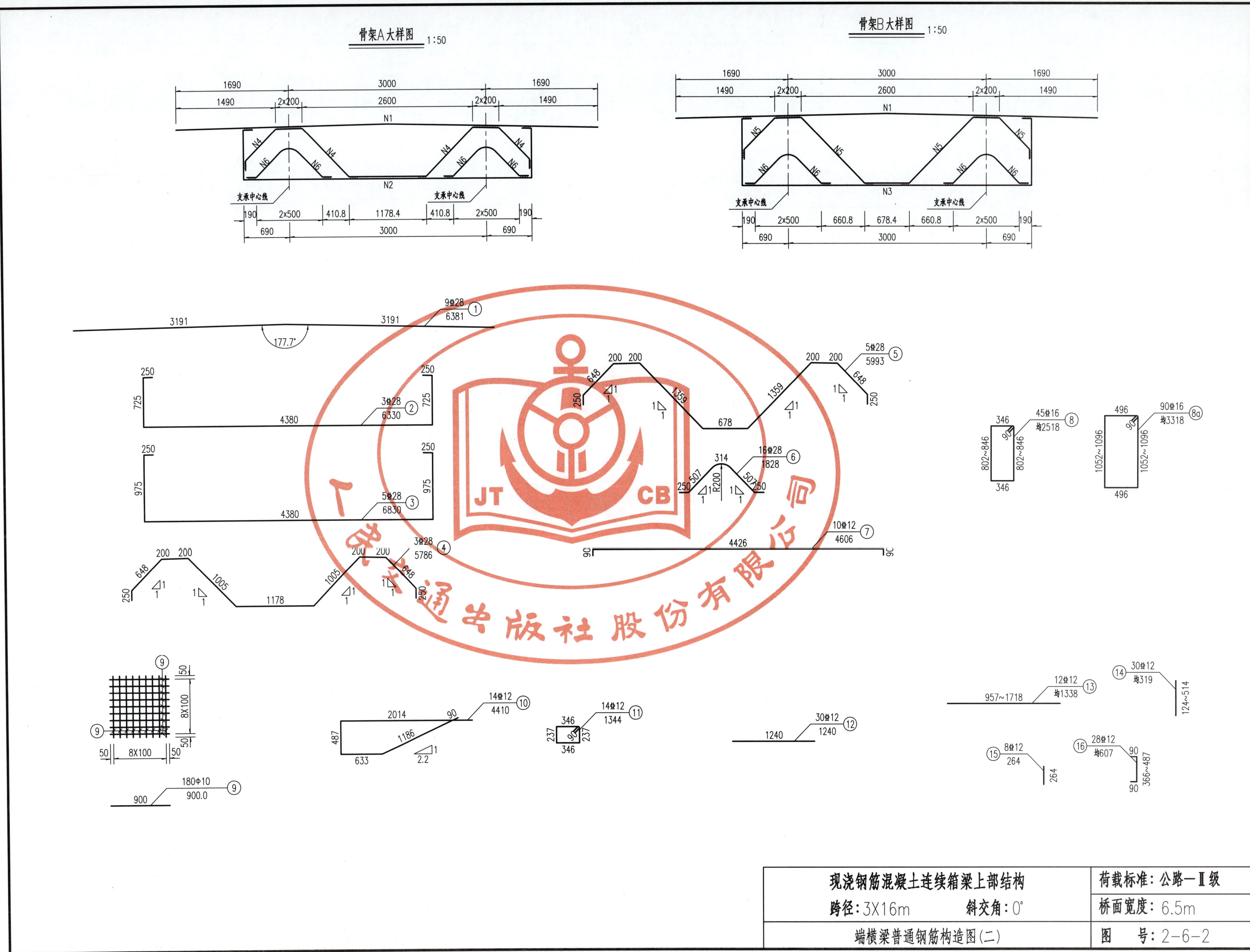

现浇钢筋混凝土连续箱梁上部结构	荷载标准：公路—Ⅱ级
跨径：3X16m　斜交角：0°	桥面宽度：6.5m
端横梁普通钢筋构造图(二)	图　号：2-6-2

横梁钢筋明细表

编号	钢筋直径 (mm)	单根长 (mm)	根数	共长 (m)	单位重 (kg/m)	共重 (kg)
1	Φ28	6381	9	57.4	4.830	277.4
2	Φ28	6330	3	18.99	4.830	91.7
3	Φ28	6830	5	34.2	4.830	164.9
4	Φ28	5786	3	17.4	4.830	83.8
5	Φ28	5993	5	30.0	4.830	144.7
6	Φ28	1828	16	29.2	4.830	141.3
7	Φ12	4606	10	46.1	0.888	40.9
8	Φ16	均2518	45	113.3	1.580	179.0
8a	Φ16	均3318	90	298.6	1.580	471.8
9	Φ10	900	180	162.0	0.617	100.0
10	Φ12	4410	14	61.7	0.888	54.8
11	Φ12	1344	14	18.8	0.888	16.7
12	Φ12	1240	30	37.2	0.888	33.0
13	Φ12	均1338	12	16.1	0.888	14.3
14	Φ12	均319	30	9.6	0.888	8.5
15	Φ12	264	8	2.1	0.888	1.9
16	Φ12	均607	28	17.0	0.888	15.1
合计	Φ10	100.0kg				
	Φ12	185.2kg				
	Φ16	650.8kg				
	Φ28	903.8kg				

注：

1.本图尺寸均以毫米为单位。
2.主筋骨架之间焊缝采用双面焊缝，焊缝长度不小于140mm，且满足规范要求。
3.横梁每个支承处设置5层钢筋网，层间距50mm，底层钢筋网到梁底底缘的距离50mm。
4.施工时注意预埋支座钢板。
5.本图适用于0、3号台支点横梁。

现浇钢筋混凝土连续箱梁上部结构	荷载标准：公路—Ⅱ级
跨径：3X16m　　斜交角：0°	桥面宽度：6.5m
端横梁普通钢筋构造图(三)	图　号：2-6-3

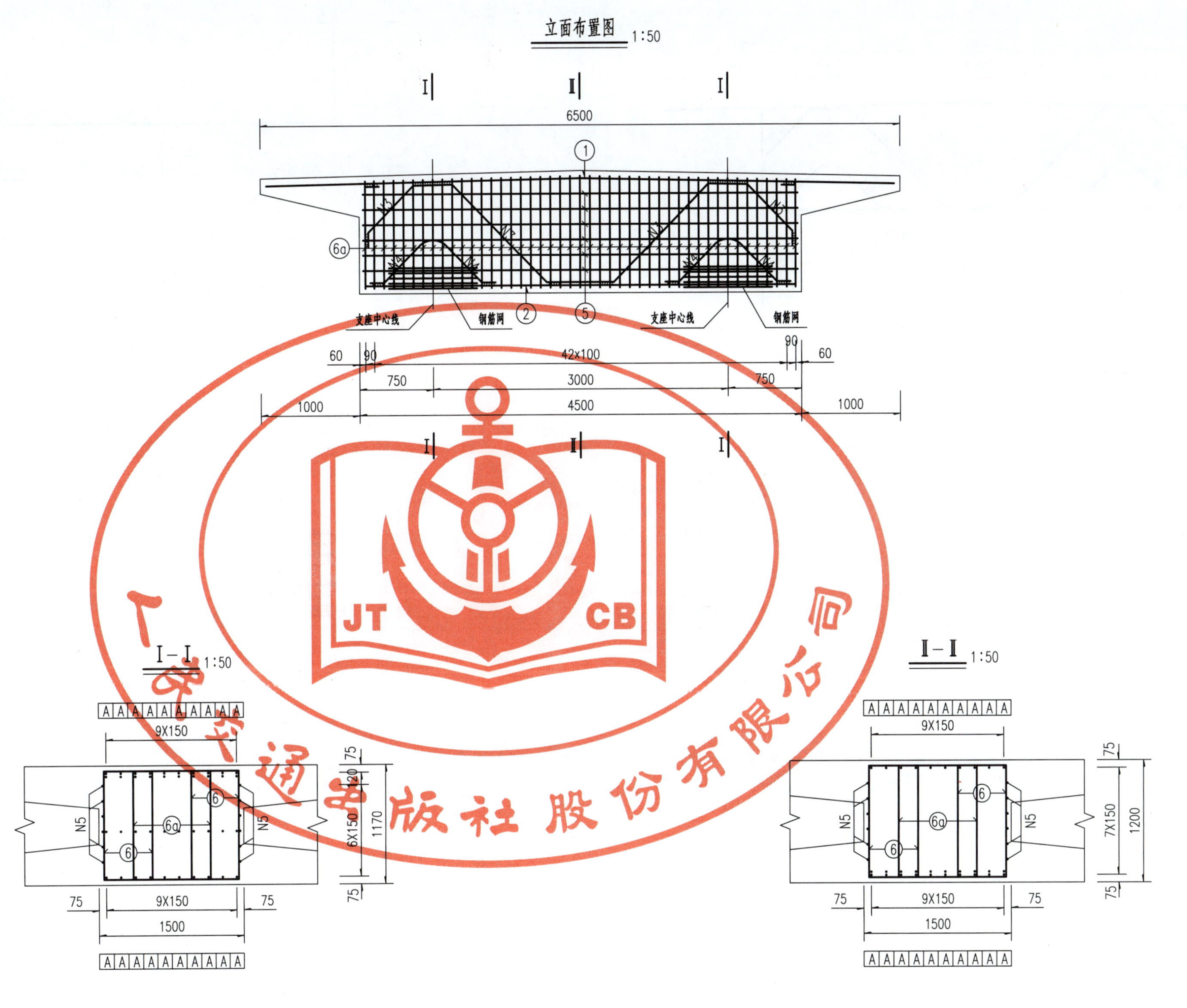

现浇钢筋混凝土连续箱梁上部结构		荷载标准：公路—Ⅱ级
跨径：3X16m	斜交角：0°	桥面宽度：6.5m
中横梁普通钢筋构造图(一)		图　号：2-7-1

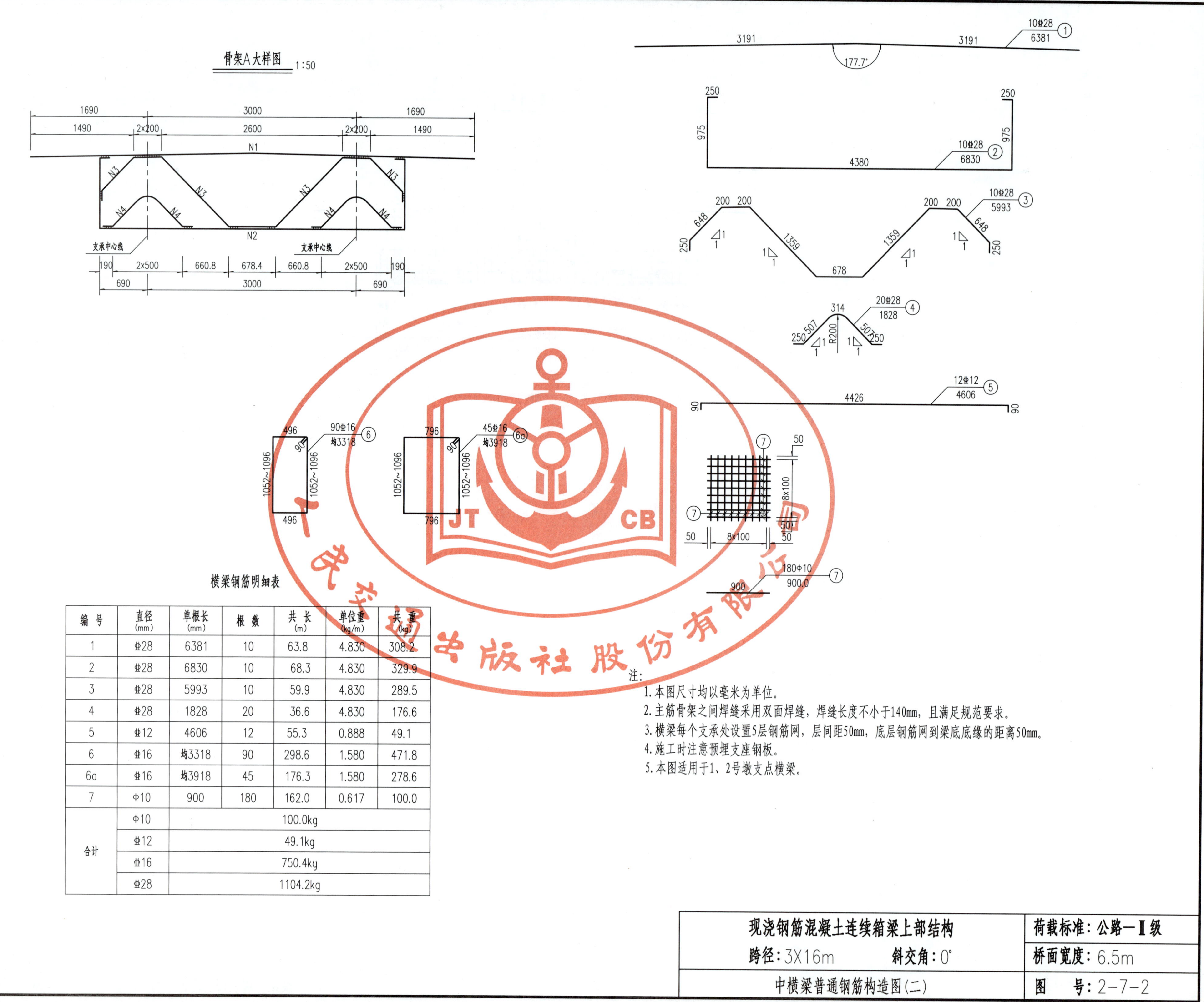

横梁钢筋明细表

编号	直径 (mm)	单根长 (mm)	根数	共长 (m)	单位重 (kg/m)	共重 (kg)
1	⌀28	6381	10	63.8	4.830	308.2
2	⌀28	6830	10	68.3	4.830	329.9
3	⌀28	5993	10	59.9	4.830	289.5
4	⌀28	1828	20	36.6	4.830	176.6
5	⌀12	4606	12	55.3	0.888	49.1
6	⌀16	均3318	90	298.6	1.580	471.8
6a	⌀16	均3918	45	176.3	1.580	278.6
7	Φ10	900	180	162.0	0.617	100.0
合计	Φ10	100.0kg				
	⌀12	49.1kg				
	⌀16	750.4kg				
	⌀28	1104.2kg				

注：
1. 本图尺寸均以毫米为单位。
2. 主筋骨架之间焊缝采用双面焊缝，焊缝长度不小于140mm，且满足规范要求。
3. 横梁每个支承处设置5层钢筋网，层间距50mm，底层钢筋网到梁底底缘的距离50mm。
4. 施工时注意预埋支座钢板。
5. 本图适用于1、2号墩支点横梁。

现浇钢筋混凝土连续箱梁上部结构	荷载标准：公路—Ⅱ级
跨径：3X16m　　斜交角：0°	桥面宽度：6.5m
中横梁普通钢筋构造图(二)	图　号：2-7-2

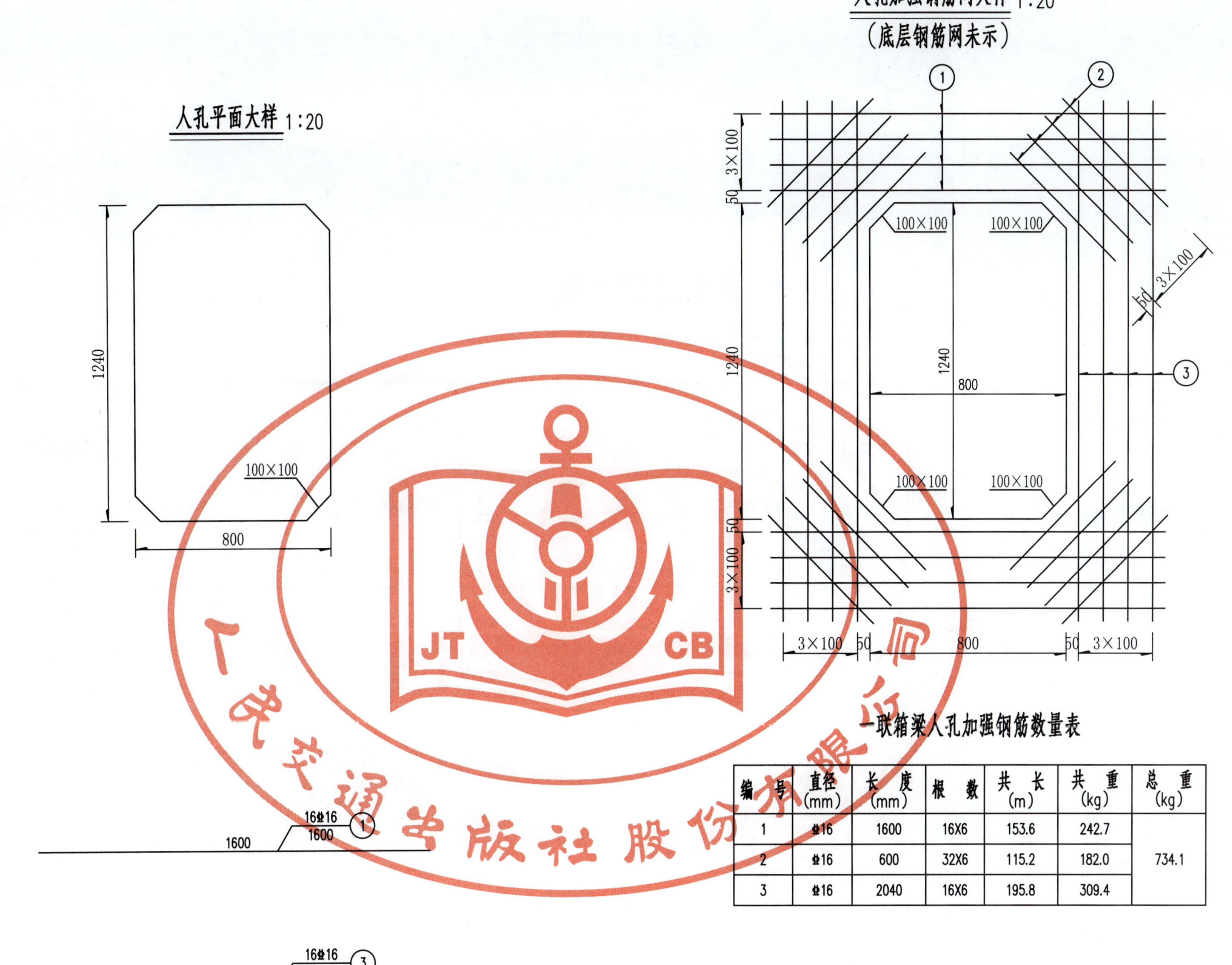

一联箱梁人孔加强钢筋数量表

编号	直径 (mm)	长度 (mm)	根数	共长 (m)	共重 (kg)	总重 (kg)
1	⌀16	1600	16X6	153.6	242.7	734.1
2	⌀16	600	32X6	115.2	182.0	
3	⌀16	2040	16X6	195.8	309.4	

注：

1. 本图尺寸均以毫米为单位。
2. 内模拆除完毕后将人孔封闭。
3. 人孔加强钢筋设置上、下两层，净保护层20mm；箱梁桥面板原有钢筋在人孔处截断，应在封孔时采用“等强度”原则予以补强。

现浇钢筋混凝土连续箱梁上部结构	荷载标准：公路—Ⅱ级
跨径：3X16m　　斜交角：0°	桥面宽度：6.5m
箱梁人孔加强钢筋构造图	图　号：2-8

盆式支座布置示意图

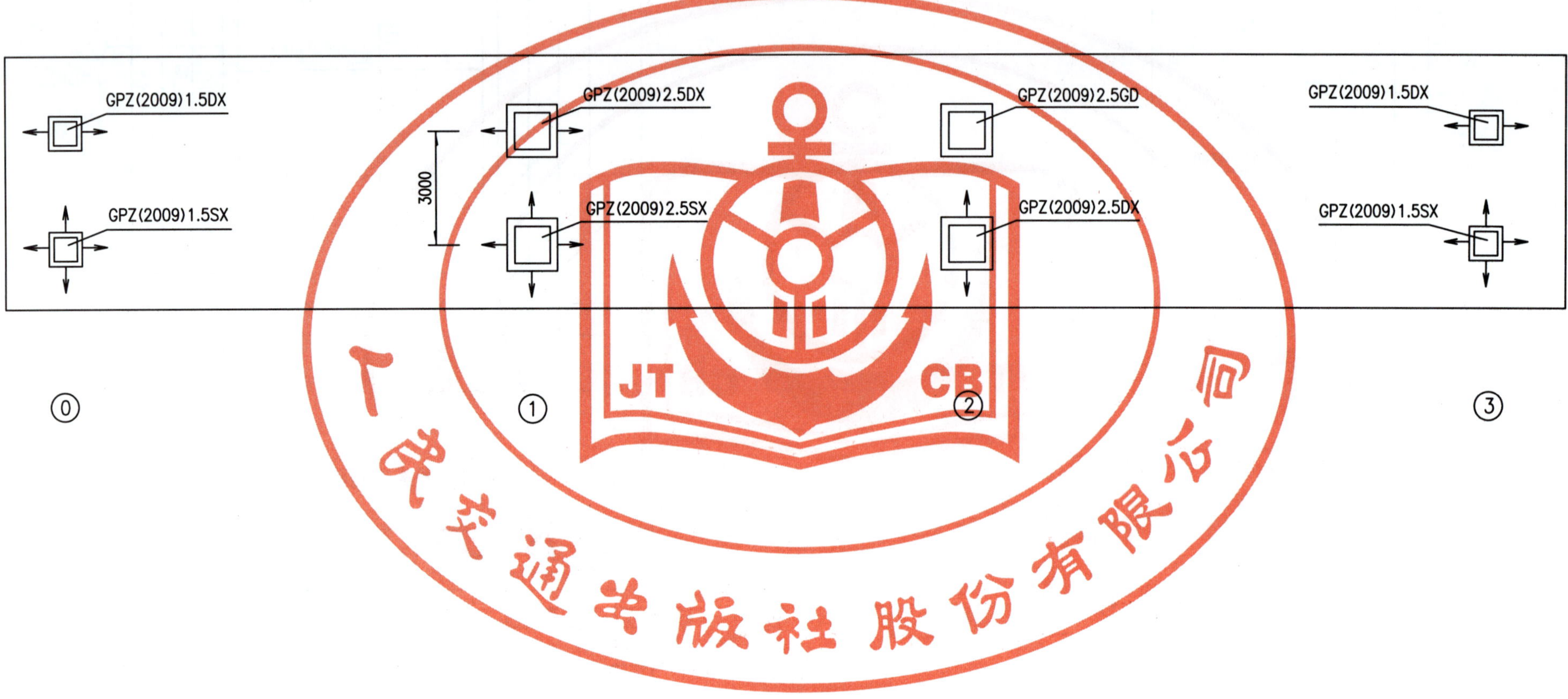

注:
1. 本图尺寸以毫米为单位。
2. 图中支座上的箭头表示支座位移方向。

现浇钢筋混凝土连续箱梁上部结构		荷载标准：公路—Ⅱ级
跨径：3X16m	斜交角：0°	桥面宽度：6.5m
支座布置示意图		图　号：2-9

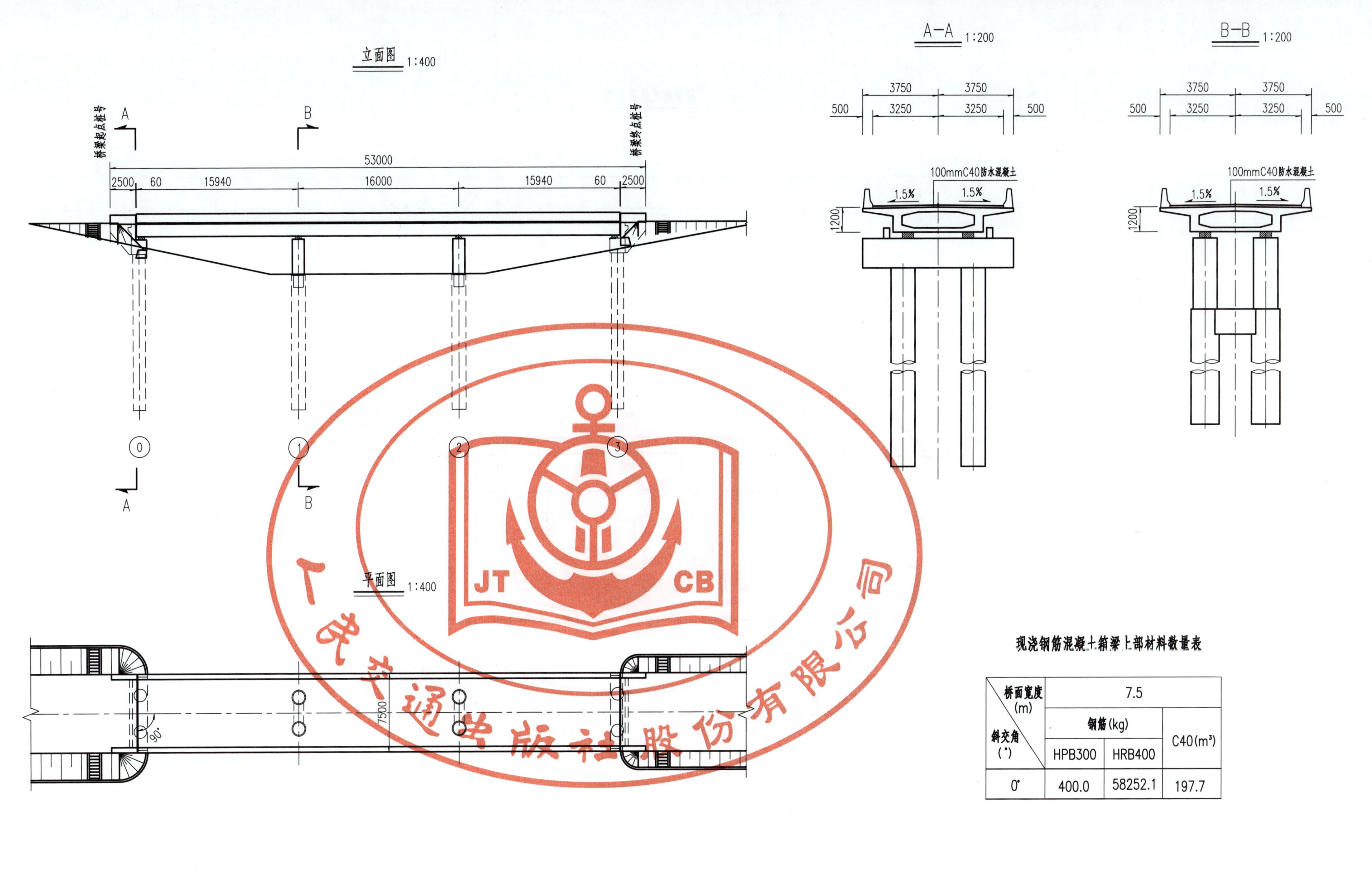

现浇钢筋混凝土箱梁上部材料数量表

桥面宽度(m) / 斜交角(°)	7.5		
	钢筋(kg)		C40(m³)
	HPB300	HRB400	
0°	400.0	58252.1	197.7

注：
1. 本图尺寸均以毫米为单位。
2. 设计荷载：公路—Ⅱ级。
3. 环境类别：Ⅰ类、Ⅱ类。
4. 设计安全等级：二级。
5. 本桥上部采用3×16m现浇钢筋混凝土连续箱梁。
6. 本图下部构造仅为示意。
7. 本桥中横梁按双支点进行设计，若采用其他支撑方式，应另行设计。

现浇钢筋混凝土连续箱梁上部结构	荷载标准：公路—Ⅱ级
跨径：3X16m　　斜交角：0°	桥面宽度：7.5m
桥型布置图	图　号：3-1

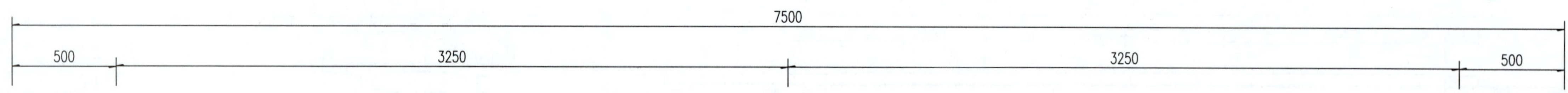

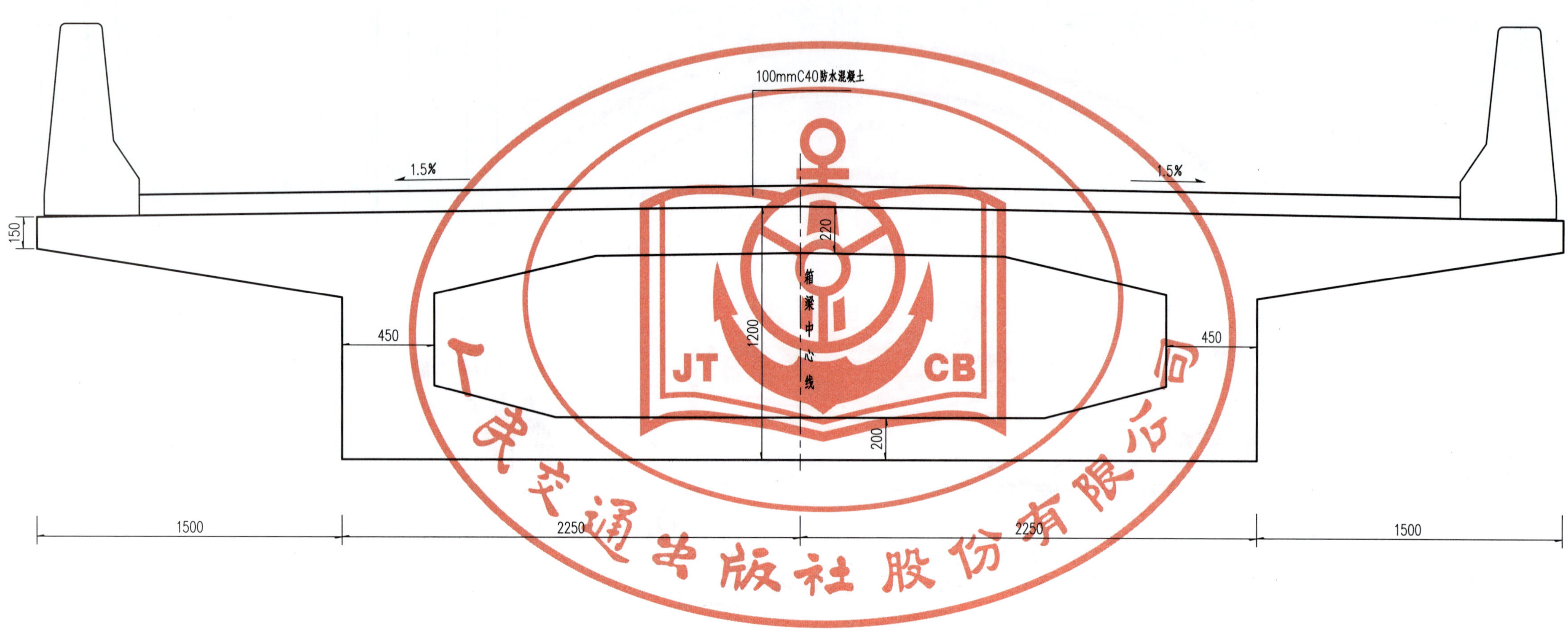

注:

本图尺寸均以毫米为单位。

现浇钢筋混凝土连续箱梁上部结构	荷载标准:公路—Ⅱ级
跨径:3X16m　斜交角:0°	桥面宽度:7.5m
标准横断面图	图　号:3-2

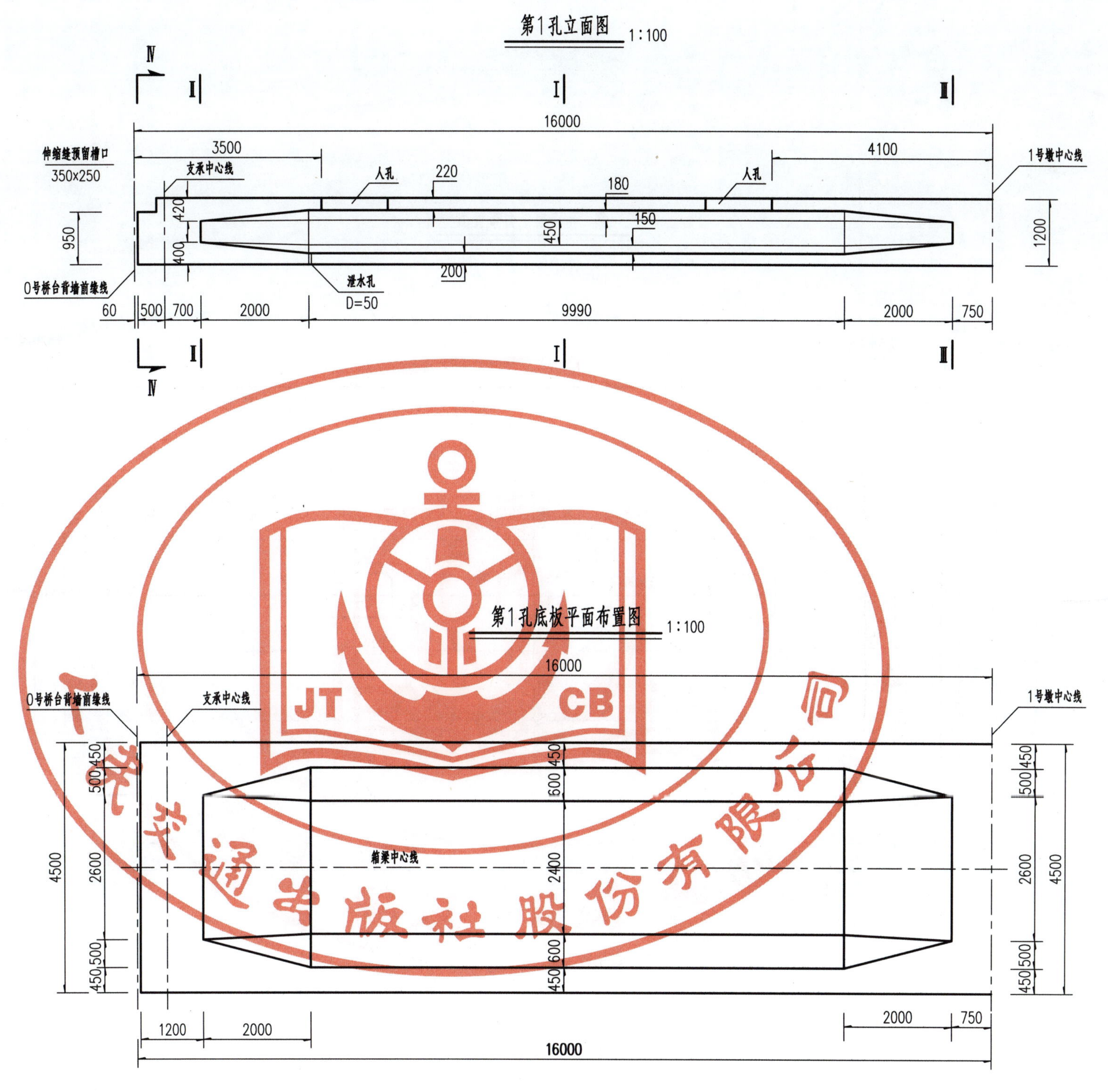

现浇钢筋混凝土连续箱梁上部结构	荷载标准：公路—II级
跨径：3X16m　　斜交角：0°	桥面宽度：7.5m
箱梁一般构造图（一）	图　号：3-3-1

第1孔顶板平面布置图 1:100

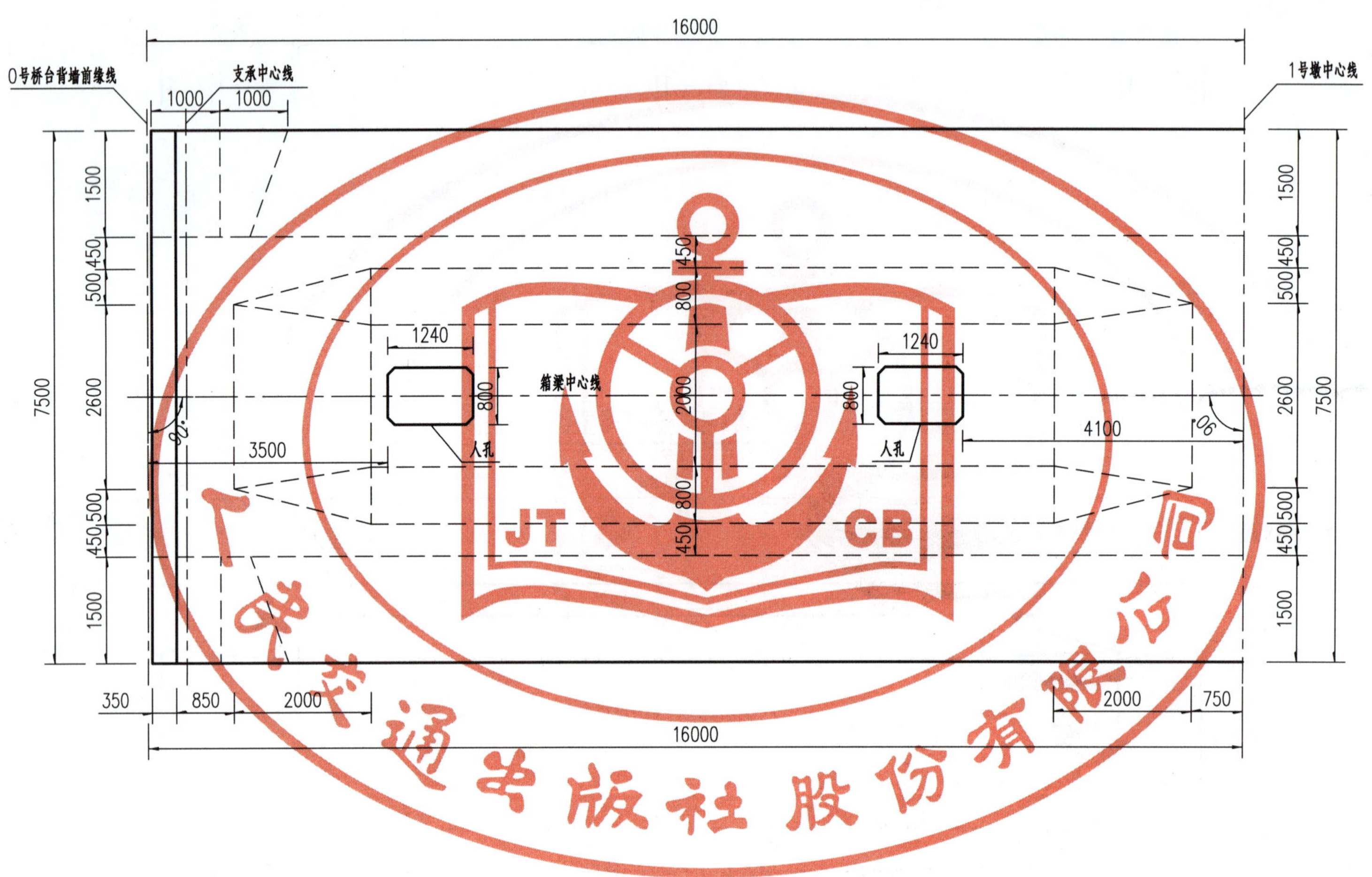

现浇钢筋混凝土连续箱梁上部结构	荷载标准：公路—Ⅱ级
跨径：3X16m　斜交角：0°	桥面宽度：7.5m
箱梁一般构造图（二）	图　号：3-3-2

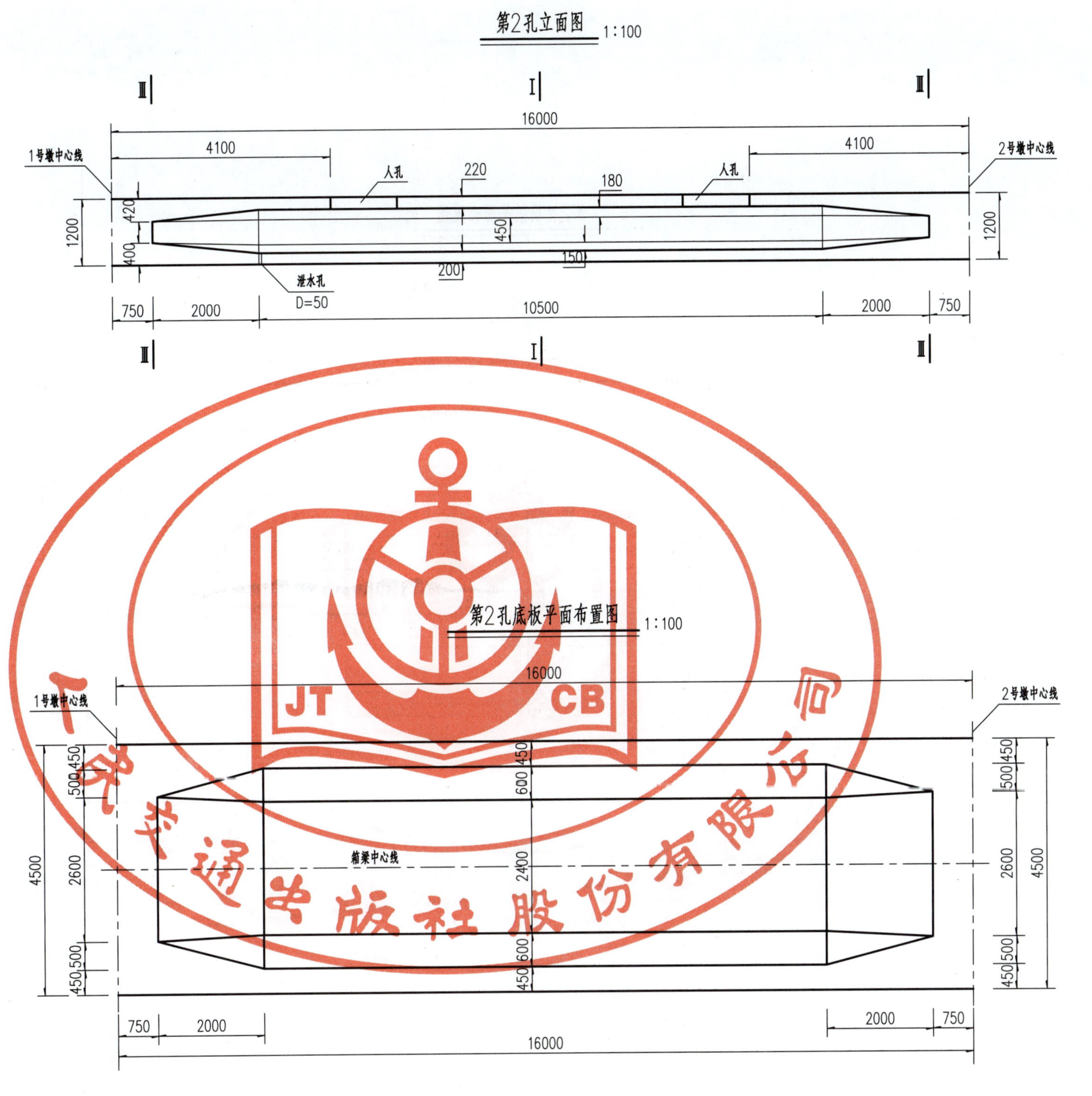

现浇钢筋混凝土连续箱梁上部结构	荷载标准：公路—Ⅱ级
跨径：3X16m　　斜交角：0°	桥面宽度：7.5m
箱梁一般构造图（三）	图　号：3-3-3

第2孔顶板平面布置图 1:100

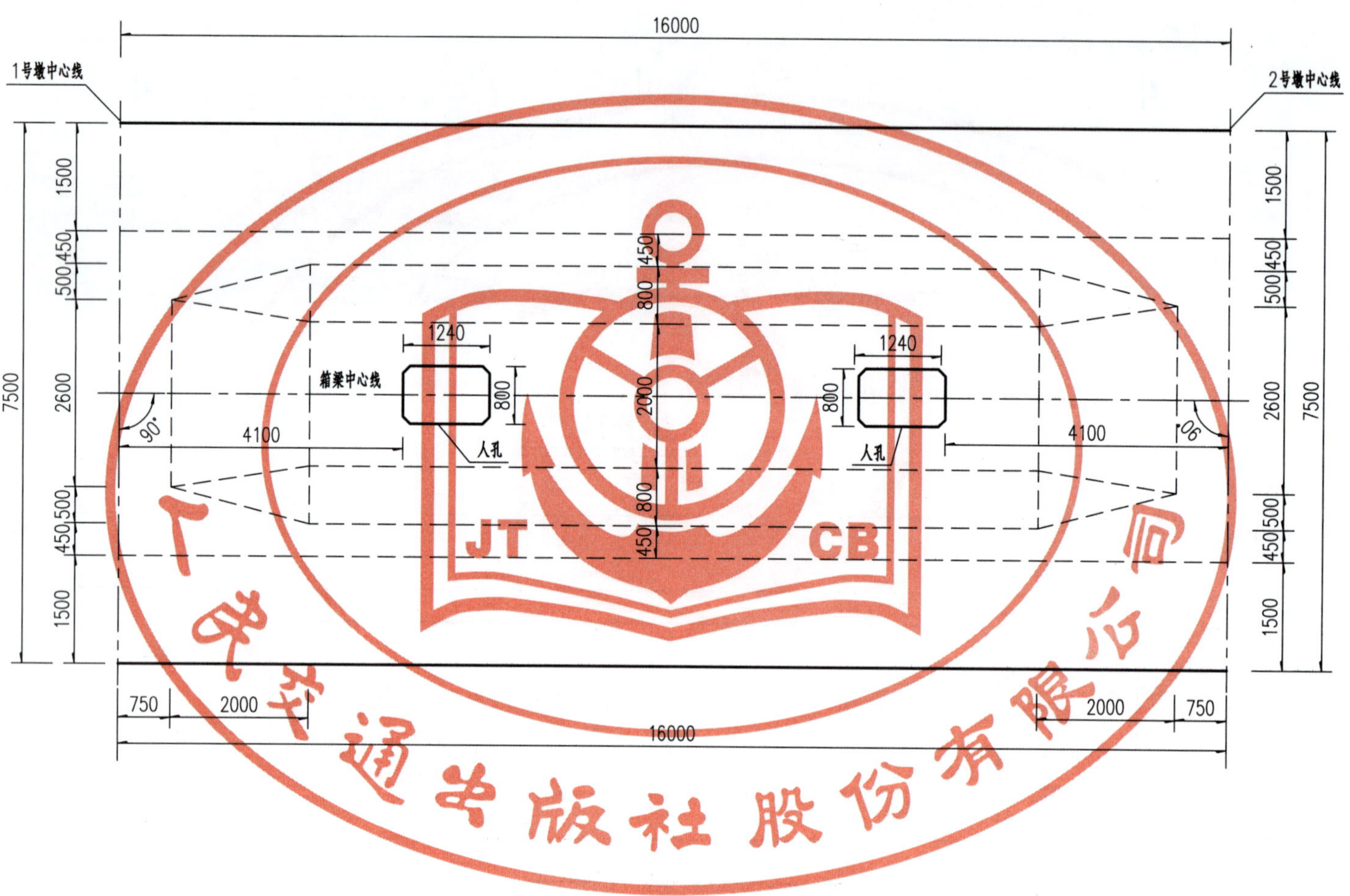

现浇钢筋混凝土连续箱梁上部结构	荷载标准：公路—Ⅱ级
跨径：3X16m　　斜交角：0°	桥面宽度：7.5m
箱梁一般构造图（四）	图　号：3-3-4

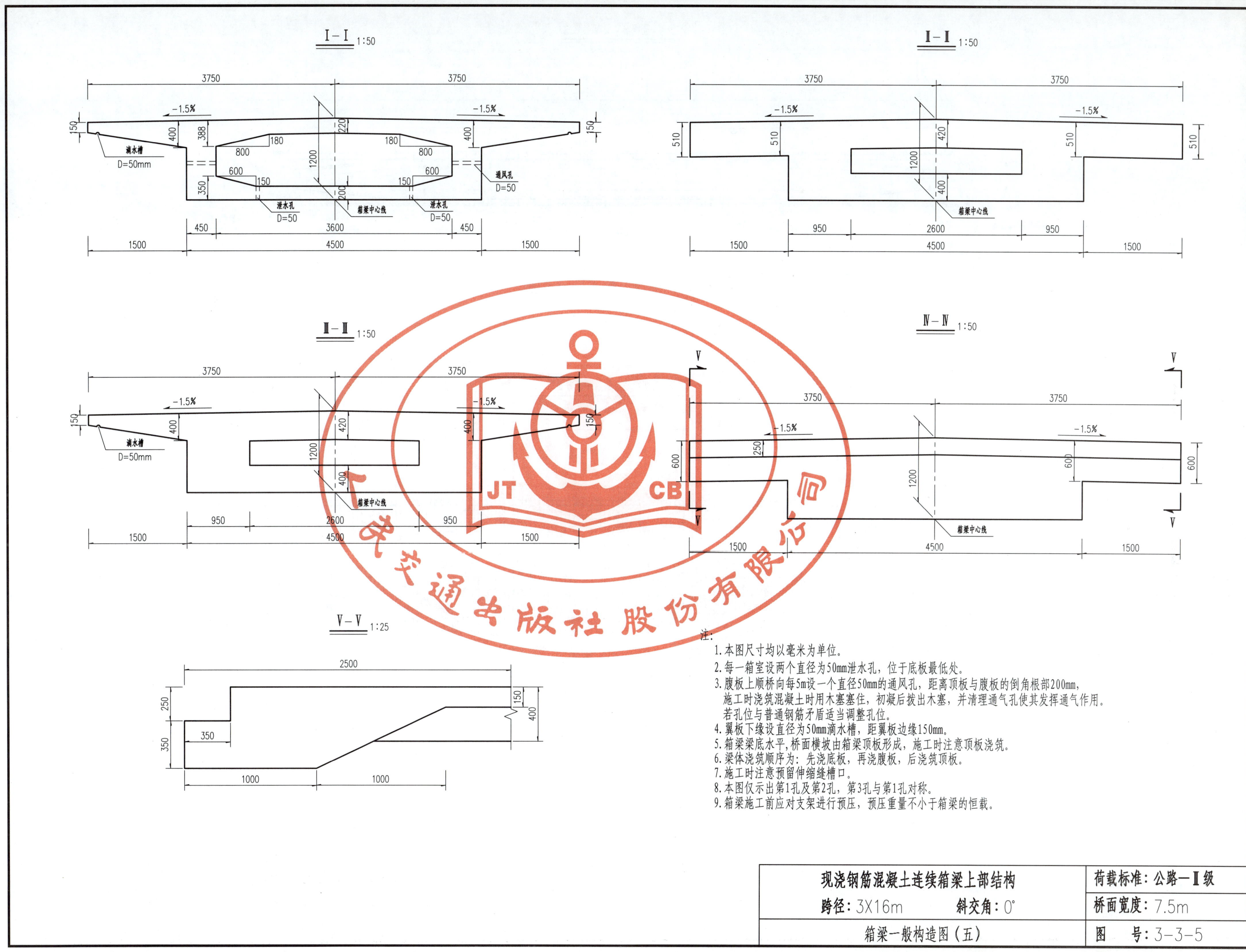

Ⅰ－Ⅰ 1:50
3750 3750
－1.5% －1.5%
150 400 388 220 400 150
滴水槽
D=50mm
180 180
800 800
600 600
1200
150 150
350 200
通风孔
D=50
泄水孔
D=50
箱梁中心线
450 3600 450
1500 4500 1500
Ⅱ－Ⅱ 1:50
3750 3750
－1.5% －1.5%
510 510 420 510 510
1200
400
箱梁中心线
950 2600 950
1500 4500 1500
Ⅲ－Ⅲ 1:50
3750 3750
－1.5% －1.5%
150 400 420 400 150
滴水槽
D=50mm
1200
400
箱梁中心线
950 2600 950
1500 4500 1500
Ⅳ－Ⅳ 1:50
Ⅴ Ⅴ
3750 3750
－1.5% －1.5%
250 600 1200 600 600
箱梁中心线
1500 4500 1500
Ⅴ－Ⅴ 1:25
2500
250 350 150 400
350
1000 1000
注：
1.本图尺寸均以毫米为单位。
2.每一箱室设两个直径为50mm泄水孔，位于底板最低处。
3.腹板上顺桥向每5m设一个直径50mm的通风孔，距离顶板与腹板的倒角根部200mm，施工时浇筑混凝土时用木塞塞住，初凝后拔出木塞，并清理通气孔使其发挥通气作用。若孔位与普通钢筋矛盾适当调整孔位。
4.翼板下缘设直径为50mm滴水槽，距翼板边缘150mm。
5.箱梁梁底水平，桥面横坡由箱梁顶板形成，施工时注意顶板浇筑。
6.梁体浇筑顺序为：先浇底板，再浇腹板，后浇筑顶板。
7.施工时注意预留伸缩缝槽口。
8.本图仅示出第1孔及第2孔，第3孔与第1孔对称。
9.箱梁施工前应对支架进行预压，预压重量不小于箱梁的恒载。
现浇钢筋混凝土连续箱梁上部结构
跨径：3X16m 斜交角：0°
箱梁一般构造图（五）
荷载标准：公路－Ⅱ级
桥面宽度：7.5m
图 号：3-3-5

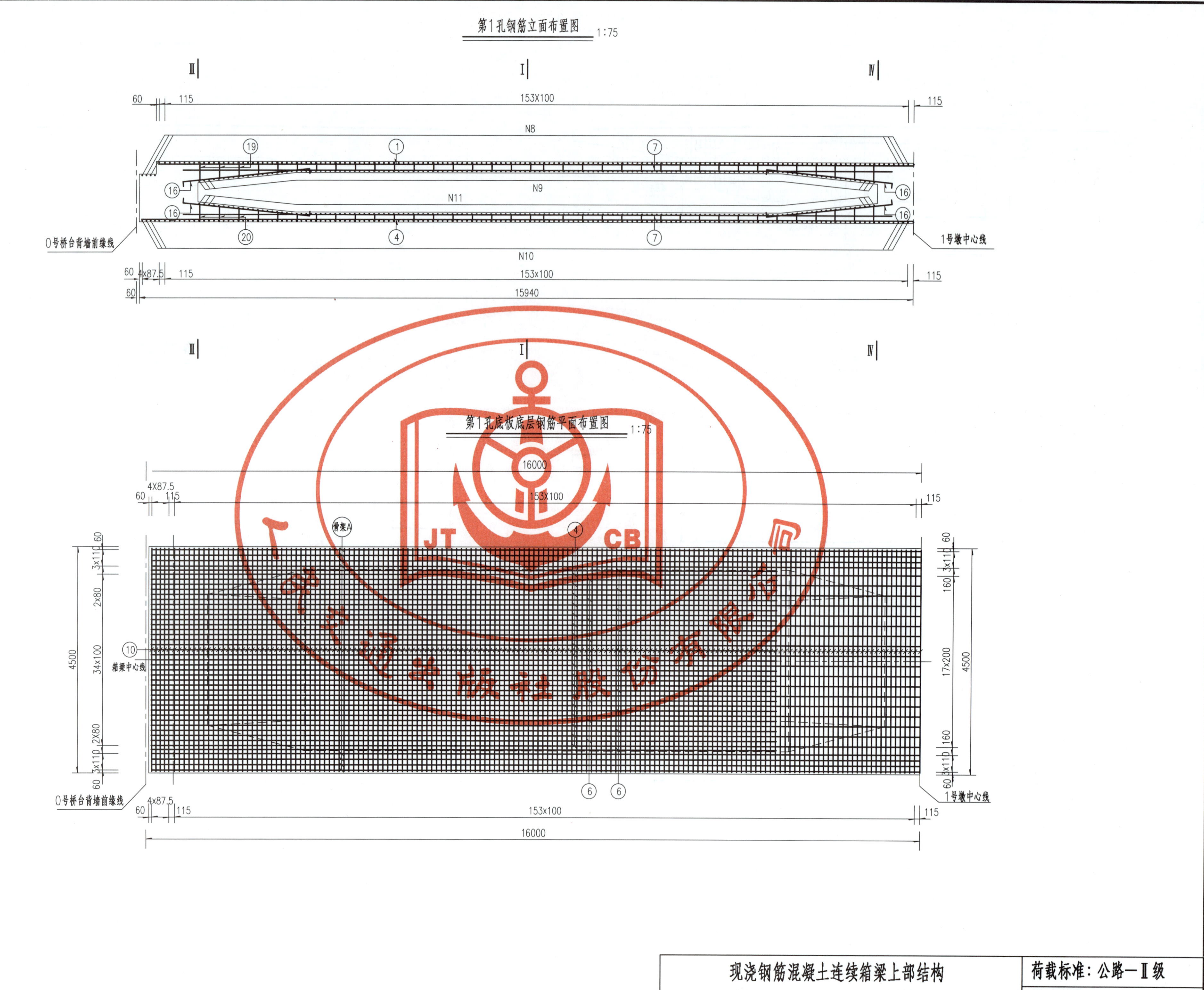

现浇钢筋混凝土连续箱梁上部结构	荷载标准：公路—Ⅱ级
跨径：3X16m　　斜交角：0°	桥面宽度：7.5m
箱梁普通钢筋构造图(一)	图　号：3-4-1

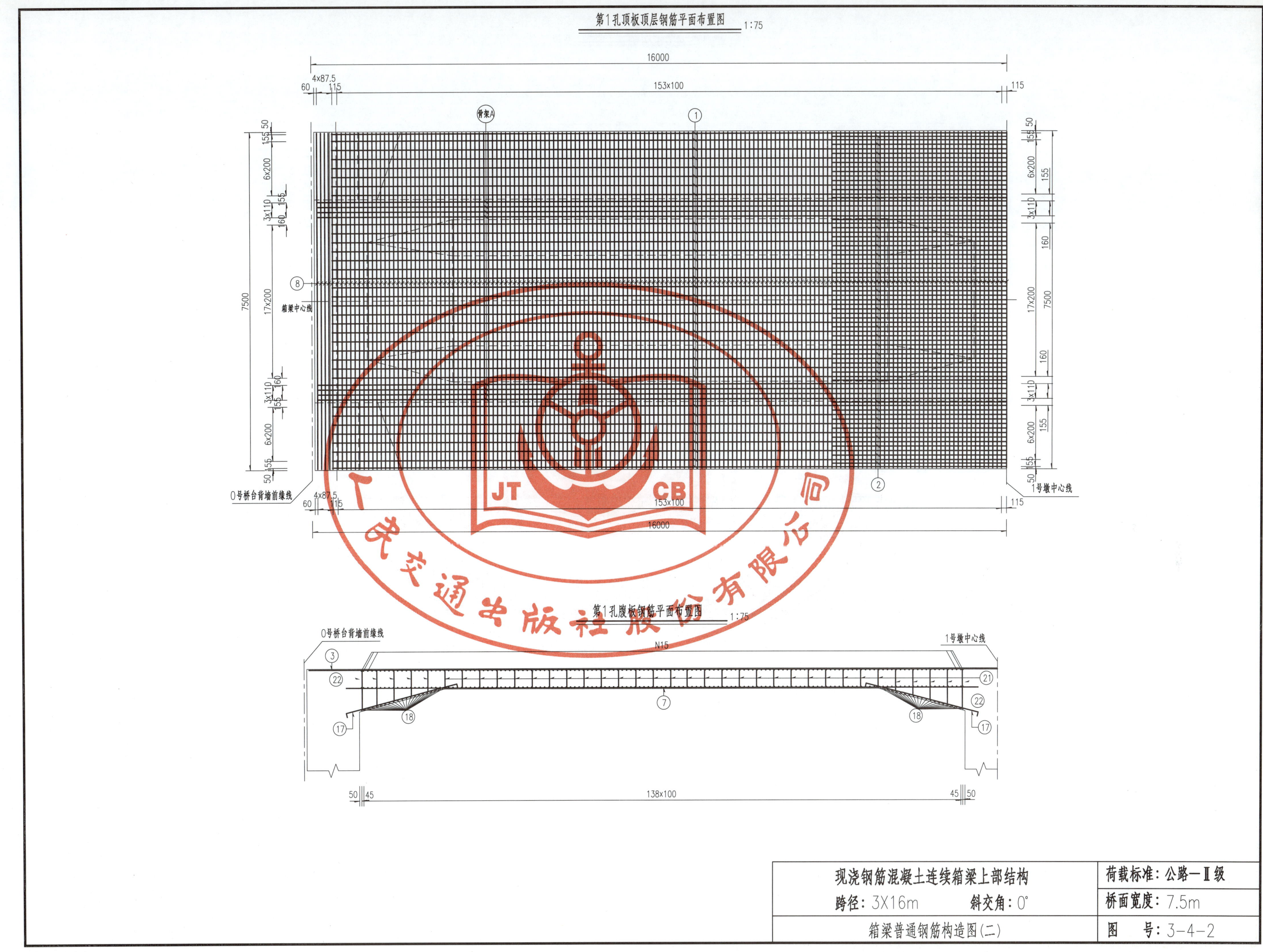

第1孔顶板顶层钢筋平面布置图 1:75
16000
4x87.5
60
115
153x100
115
背架A
1
2
8
箱梁中心线
7500
17x200
6x200
3x110
155
160
50
0号桥台背墙前缘线
1号墩中心线
第1孔腹板钢筋平面布置图 1:75
N15
3
22
21
7
18
17
50
45
138x100
现浇钢筋混凝土连续箱梁上部结构
跨径：3X16m
斜交角：0°
荷载标准：公路—Ⅱ级
桥面宽度：7.5m
箱梁普通钢筋构造图(二)
图　号：3-4-2

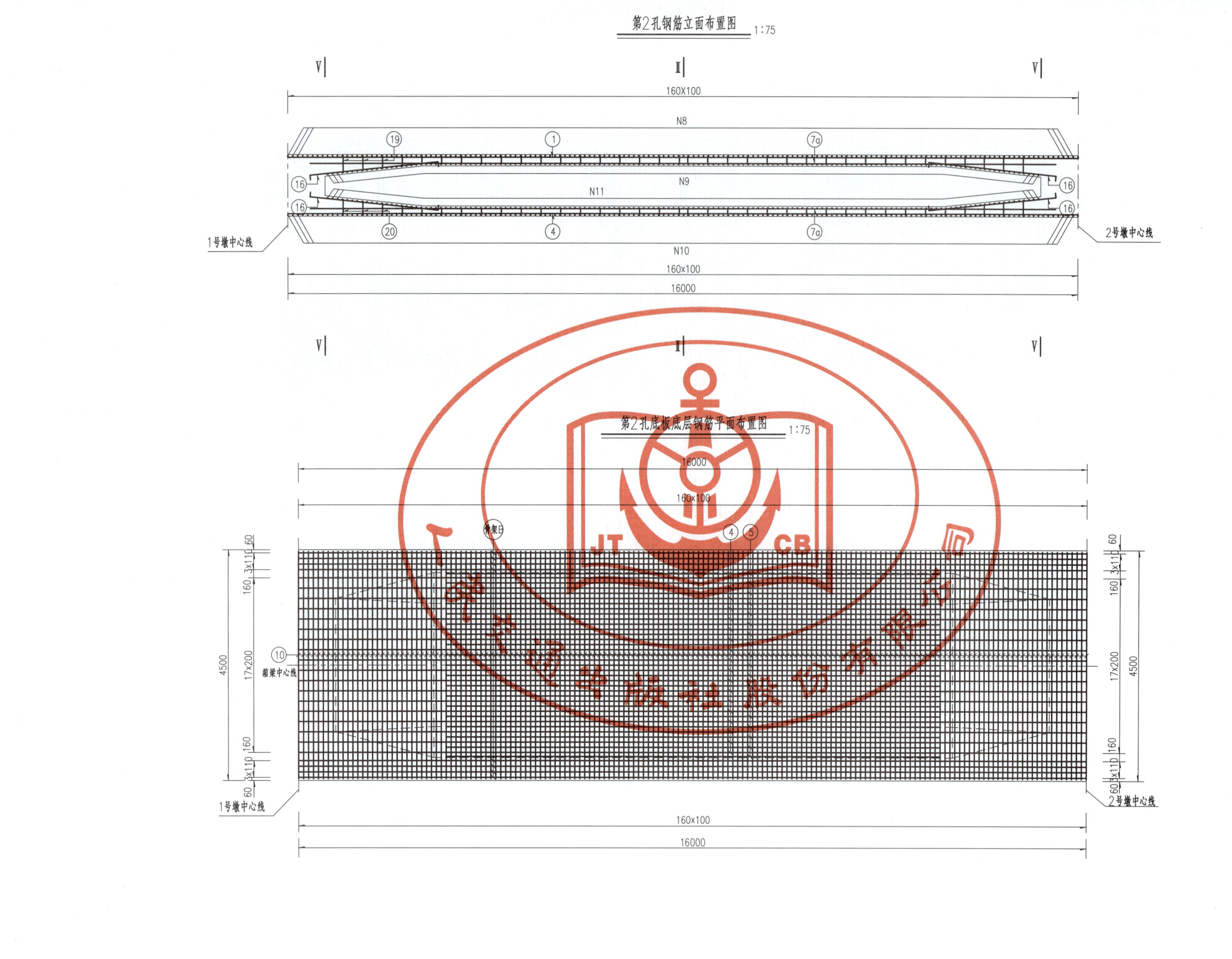

现浇钢筋混凝土连续箱梁上部结构	荷载标准：公路—Ⅱ级
跨径：3X16m　　斜交角：0°	桥面宽度：7.5m
箱梁普通钢筋构造图(三)	图　号：3-4-3

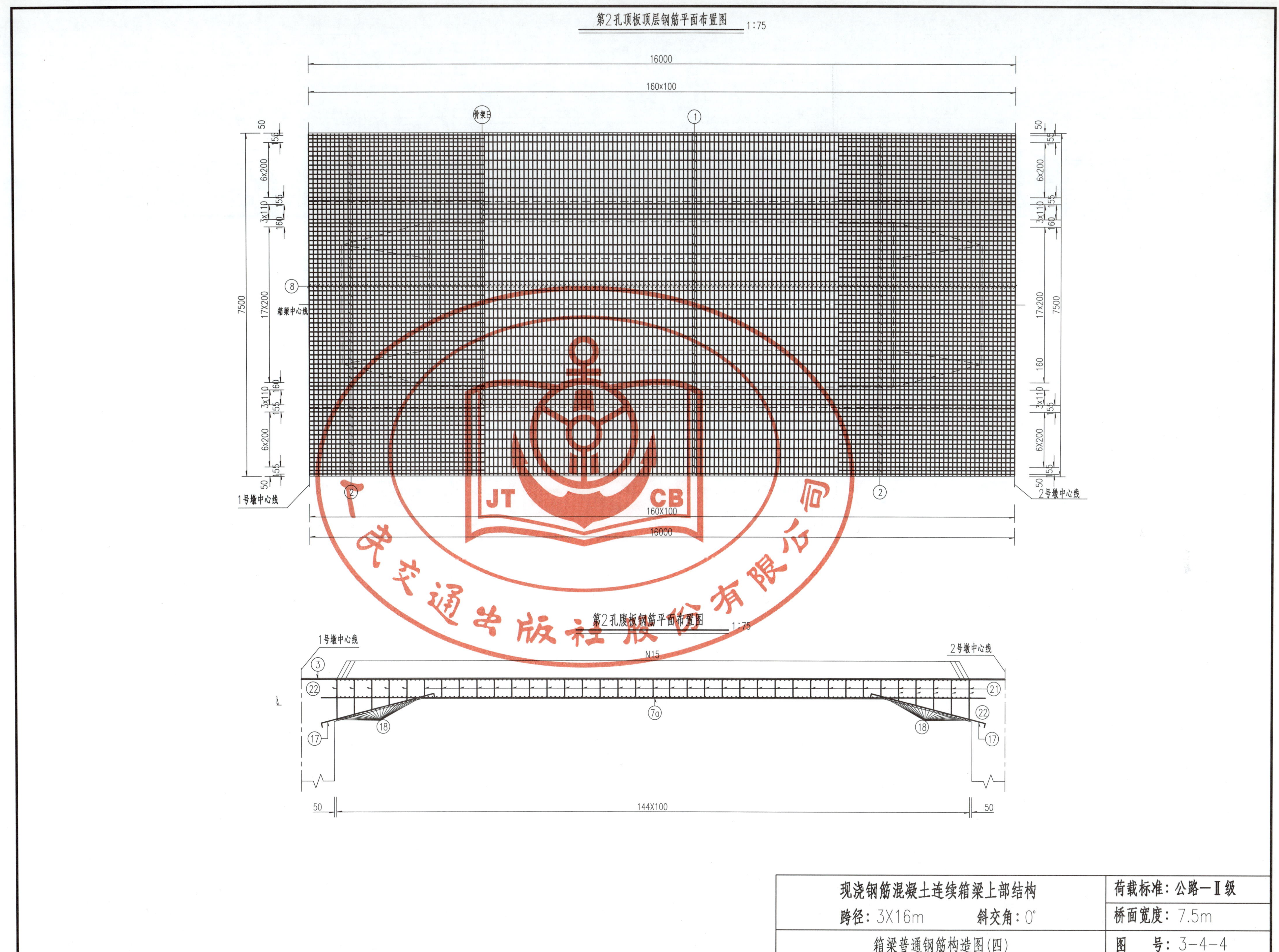

现浇钢筋混凝土连续箱梁上部结构

跨径：3X16m 斜交角：0°

箱梁普通钢筋构造图(四)

荷载标准：公路—Ⅱ级

桥面宽度：7.5m

图 号：3-4-4

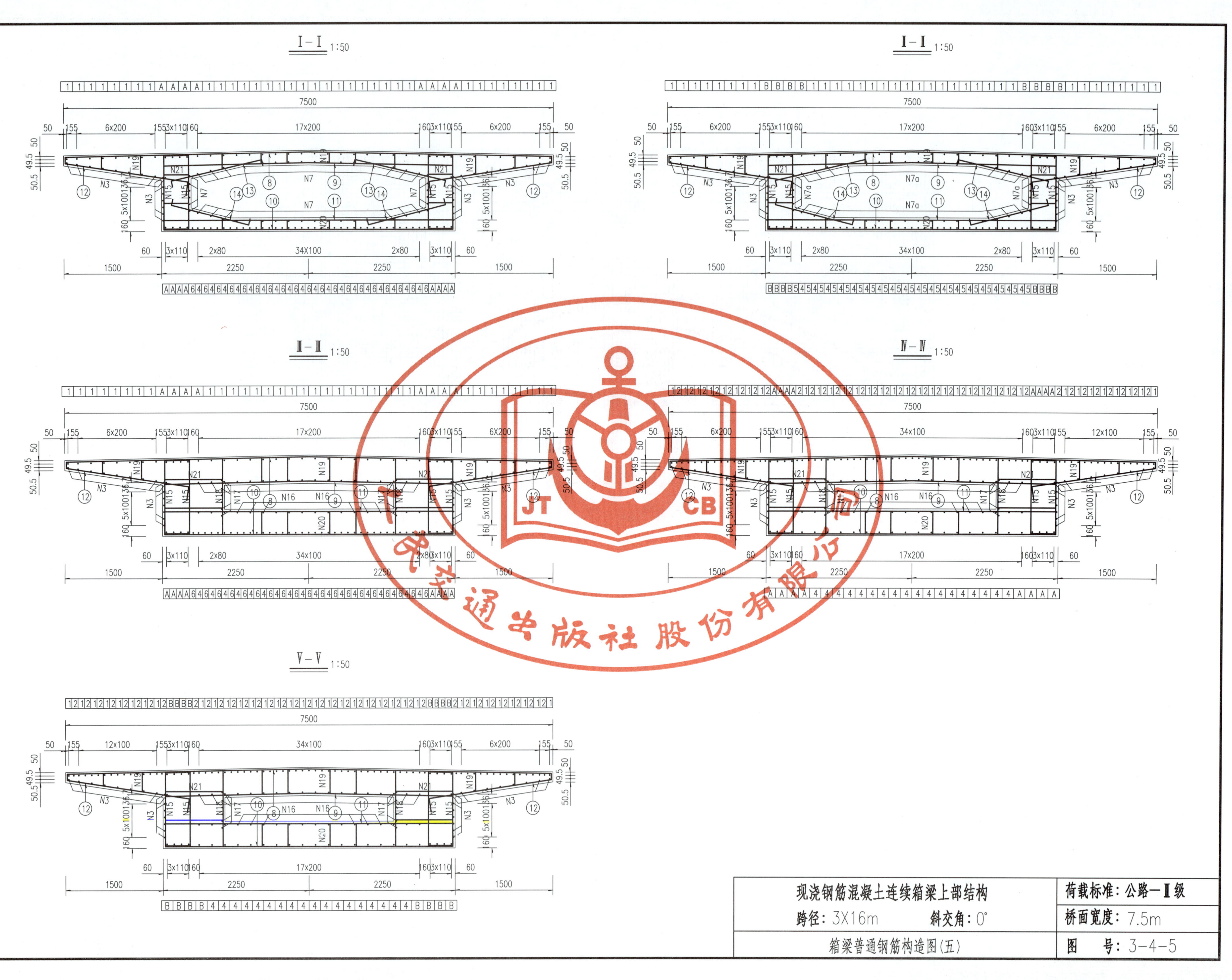

Ⅰ-Ⅰ 1:50
Ⅱ-Ⅱ 1:50
Ⅲ-Ⅲ 1:50
Ⅳ-Ⅳ 1:50
Ⅴ-Ⅴ 1:50
7500
1500
2250
2250
1500
17x200
34x100
6x200
12x100
N3
N7
N7a
N15
N16
N17
N18
N19
N20
N21
现浇钢筋混凝土连续箱梁上部结构
跨径：3X16m
斜交角：0°
荷载标准：公路—Ⅱ级
桥面宽度：7.5m
箱梁普通钢筋构造图(五)
图　　号：3-4-5

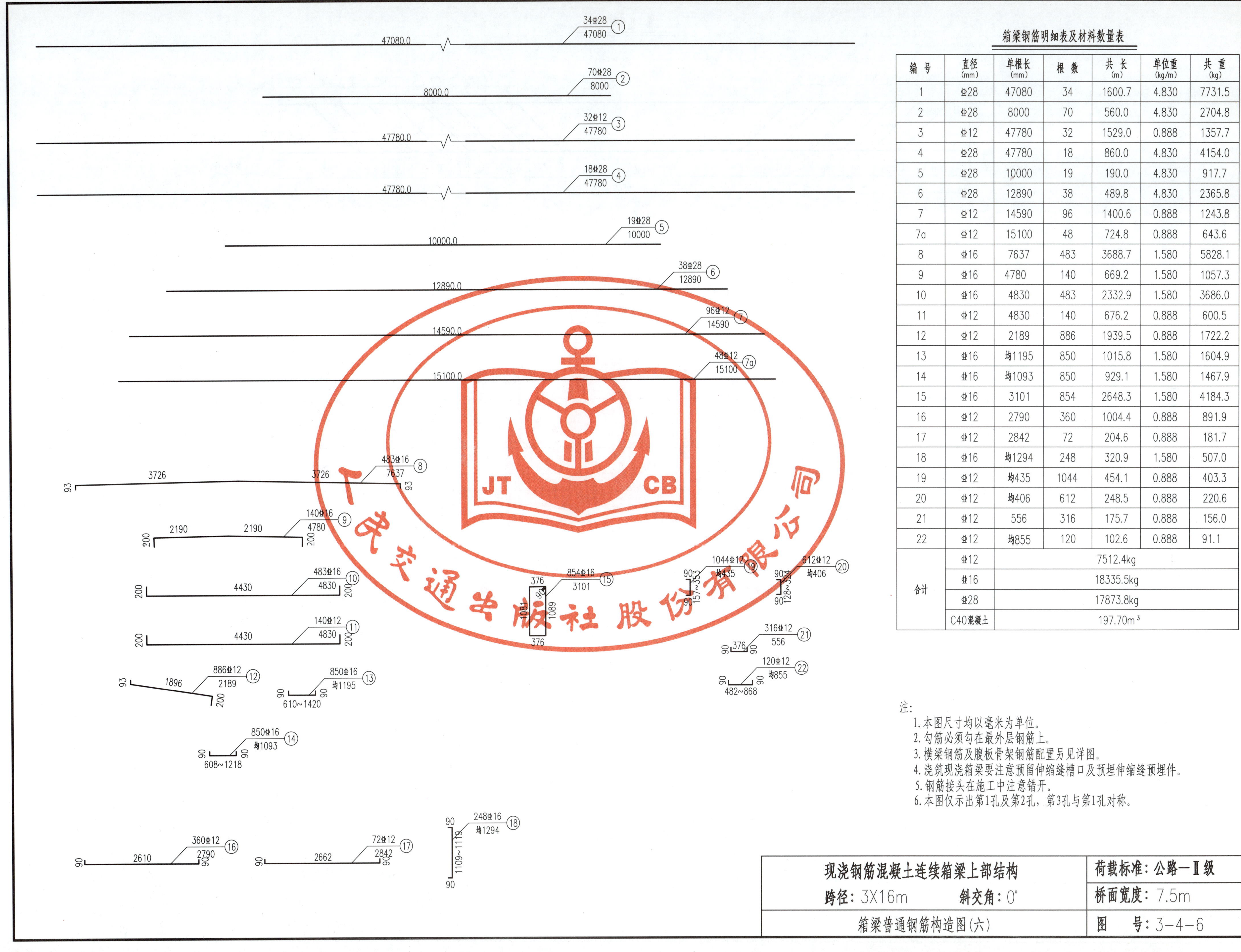

箱梁钢筋明细表及材料数量表

编号	直径(mm)	单根长(mm)	根数	共长(m)	单位重(kg/m)	共重(kg)
1	⌀28	47080	34	1600.7	4.830	7731.5
2	⌀28	8000	70	560.0	4.830	2704.8
3	⌀12	47780	32	1529.0	0.888	1357.7
4	⌀28	47780	18	860.0	4.830	4154.0
5	⌀28	10000	19	190.0	4.830	917.7
6	⌀28	12890	38	489.8	4.830	2365.8
7	⌀12	14590	96	1400.6	0.888	1243.8
7a	⌀12	15100	48	724.8	0.888	643.6
8	⌀16	7637	483	3688.7	1.580	5828.1
9	⌀16	4780	140	669.2	1.580	1057.3
10	⌀16	4830	483	2332.9	1.580	3686.0
11	⌀12	4830	140	676.2	0.888	600.5
12	⌀12	2189	886	1939.5	0.888	1722.2
13	⌀16	均1195	850	1015.8	1.580	1604.9
14	⌀16	均1093	850	929.1	1.580	1467.9
15	⌀16	3101	854	2648.3	1.580	4184.3
16	⌀12	2790	360	1004.4	0.888	891.9
17	⌀12	2842	72	204.6	0.888	181.7
18	⌀16	均1294	248	320.9	1.580	507.0
19	⌀12	均435	1044	454.1	0.888	403.3
20	⌀12	均406	612	248.5	0.888	220.6
21	⌀12	556	316	175.7	0.888	156.0
22	⌀12	均855	120	102.6	0.888	91.1
合计	⌀12	7512.4kg				
	⌀16	18335.5kg				
	⌀28	17873.8kg				
	C40混凝土	197.70m³				

注：
1. 本图尺寸均以毫米为单位。
2. 勾筋必须勾在最外层钢筋上。
3. 横梁钢筋及腹板骨架钢筋配置另见详图。
4. 浇筑现浇箱梁要注意预留伸缩缝槽口及预埋伸缩缝预埋件。
5. 钢筋接头在施工中注意错开。
6. 本图仅示出第1孔及第2孔，第3孔与第1孔对称。

现浇钢筋混凝土连续箱梁上部结构	荷载标准：公路—Ⅱ级
跨径：3X16m 斜交角：0°	桥面宽度：7.5m
箱梁普通钢筋构造图(六)	图 号：3-4-6

第1孔骨架A立面 1:75

500 700 700 700 800 800
750 750 650 650 650 650 650 750
N1
N3
1080
0号桥台背墙前缘线
1516.8 700 700 700 800 800 4146.4 750 750 650 650 650 650 650 1766.8
15880
1号墩中心线

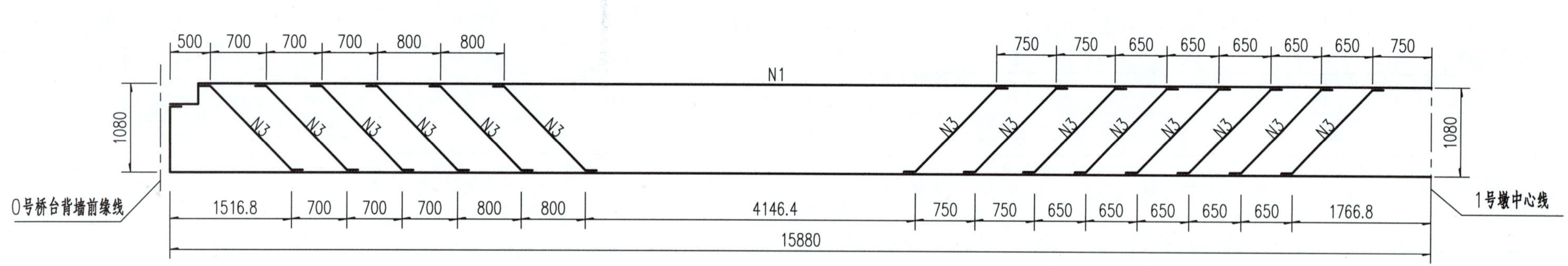

第2孔骨架B立面 1:75

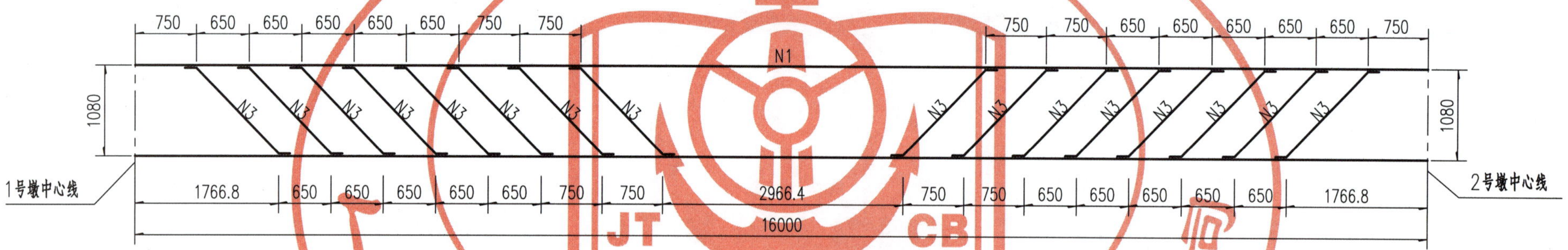

750 650 650 650 650 650 750 750
750 750 650 650 650 650 650 750
N1
N3
1080
1号墩中心线
1766.8 650 650 650 650 650 750 750 2966.4 750 750 650 650 650 650 650 1766.8
16000
2号墩中心线

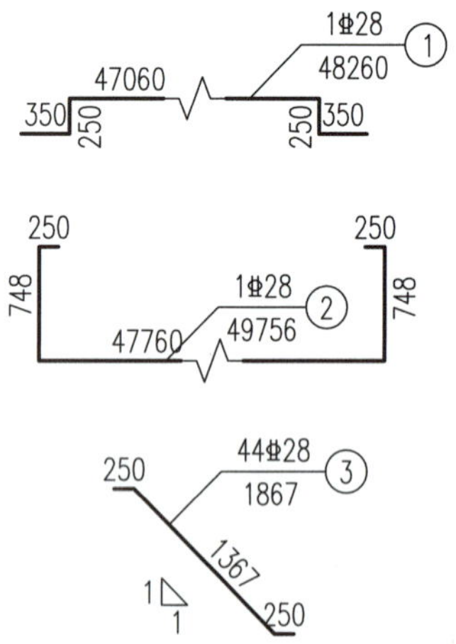

1Φ28 ① 48260
47060
350 250 250 350
250 250
1Φ28 ② 49756
47760
748 748
250
44Φ28 ③ 1867
1367
250
1 1

箱梁一片骨架钢筋明细表

编 号	直径 (mm)	单根长 (mm)	一片骨架根 数	共 长 (m)	单位重 (kg/m)	共 重 (kg)
1	Φ28	48260	1	48.3	4.830	233.1
2	Φ28	49756	1	49.8	4.830	240.6
3	Φ28	1867	44	82.1	4.830	396.5

注:

1. 本图尺寸均以毫米为单位。
2. 主筋骨架之间焊缝均采用双面焊缝，焊缝长度不小于140mm，且满足规范要求。
3. 本图仅示出第1孔及第2孔，第3孔与第1孔对称。
4. 骨架钢筋数量表中未计钢筋搭接及损耗数量。

现浇钢筋混凝土连续箱梁上部结构		荷载标准：公路—Ⅱ级
跨径：3X16m	斜交角：0°	桥面宽度：7.5m
箱梁骨架钢筋构造图		图　号：3-5

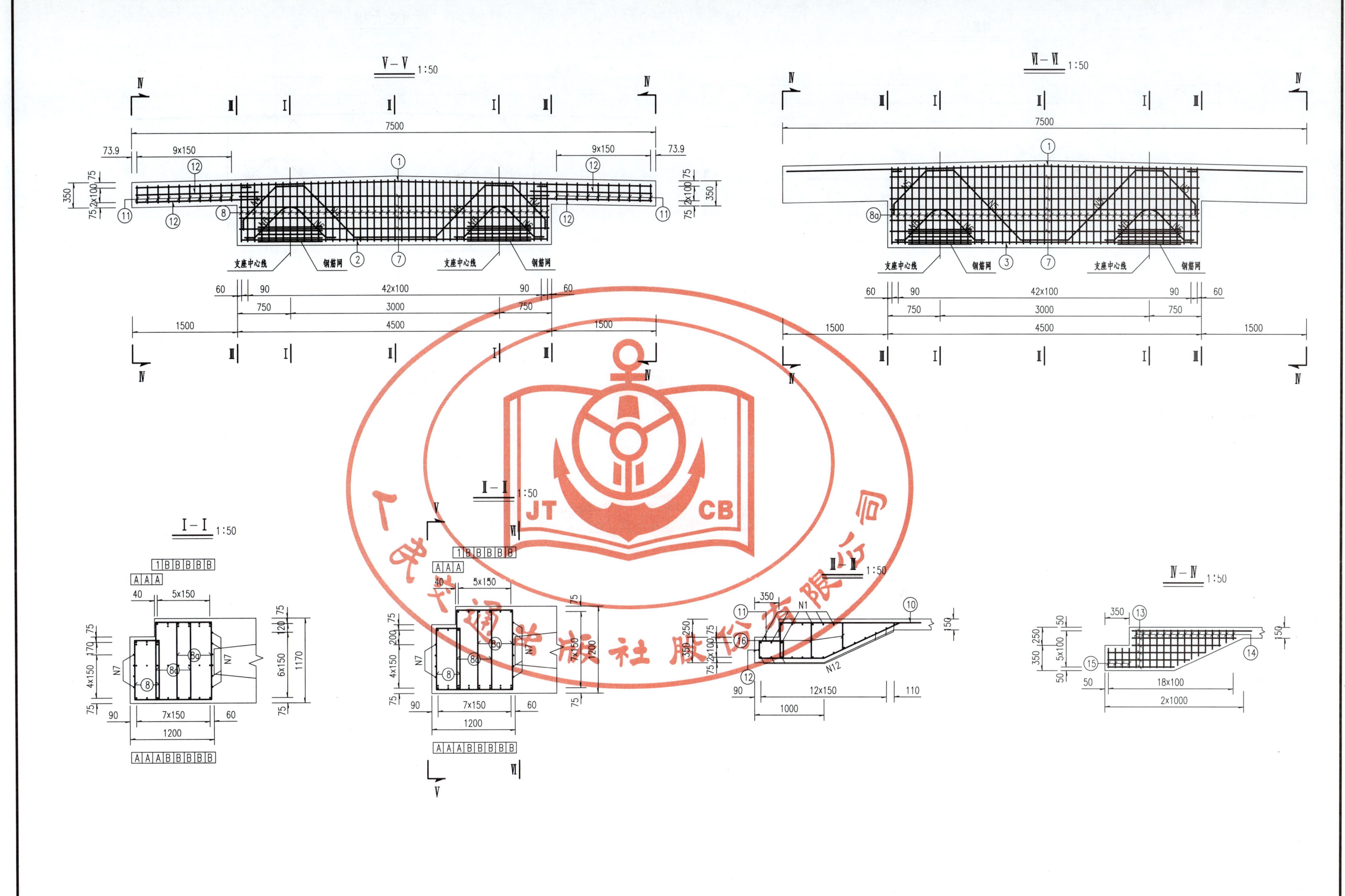

现浇钢筋混凝土连续箱梁上部结构		荷载标准：公路—Ⅱ级
跨径：3X16m	斜交角：0°	桥面宽度：7.5m
端横梁普通钢筋构造图(一)		图 号：3-6-1

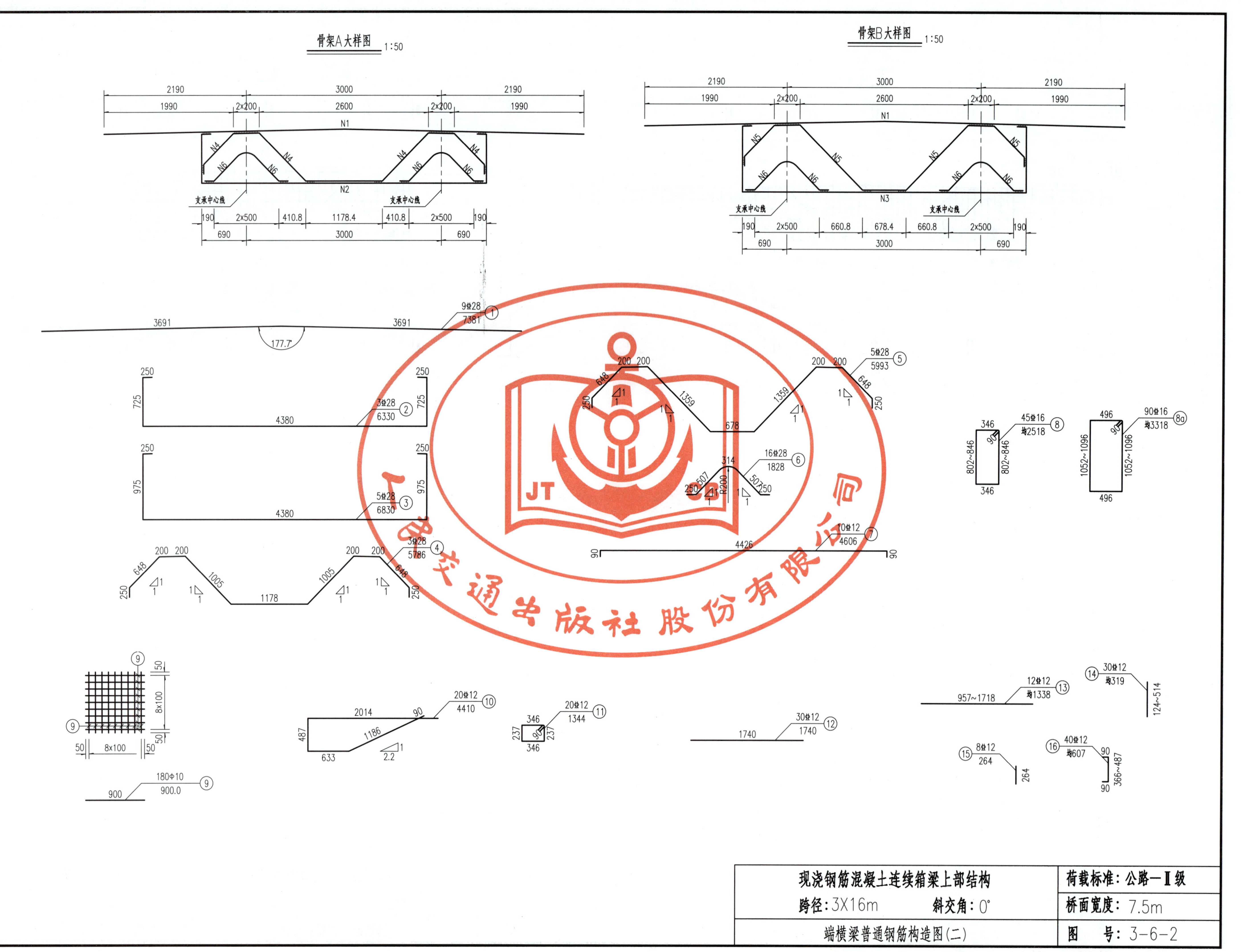

现浇钢筋混凝土连续箱梁上部结构	荷载标准：公路—Ⅰ级
跨径：3X16m　　斜交角：0°	桥面宽度：7.5m
端横梁普通钢筋构造图(二)	图　　号：3-6-2

横梁钢筋明细表

编 号	钢筋直径 (mm)	单根长 (mm)	根 数	共 长 (m)	单位重 (kg/m)	共 重 (kg)
1	Ф28	7381	9	66.4	4.830	320.9
2	Ф28	6330	3	18.99	4.830	91.7
3	Ф28	6830	5	34.2	4.830	164.9
4	Ф28	5786	3	17.4	4.830	83.8
5	Ф28	5993	5	30.0	4.830	144.7
6	Ф28	1828	16	29.2	4.830	141.3
7	Ф12	4606	10	46.1	0.888	40.9
8	Ф16	均2518	45	113.3	1.580	179.0
8a	Ф16	均3318	90	298.6	1.580	471.8
9	Φ10	900	180	162.0	0.617	100.0
10	Ф12	4410	20	88.2	0.888	78.3
11	Ф12	1344	20	26.9	0.888	23.9
12	Ф12	1740	30	52.2	0.888	46.4
13	Ф12	均1338	12	16.1	0.888	14.3
14	Ф12	均319	30	9.6	0.888	8.5
15	Ф12	264	8	2.1	0.888	1.9
16	Ф12	均607	40	24.3	0.888	21.6
合计	Φ10	100.0kg				
	Ф12	235.8kg				
	Ф16	650.8kg				
	Ф28	947.3kg				

注:

1. 本图尺寸均以毫米为单位。
2. 主筋骨架之间焊缝采用双面焊缝，焊缝长度不小于140mm，且满足规范要求。
3. 横梁每个支承处设置5层钢筋网，层间距50mm，底层钢筋网到梁底底缘的距离50mm。
4. 施工时注意预埋支座钢板。
5. 本图适用于0、3号台支点横梁。

现浇钢筋混凝土连续箱梁上部结构	荷载标准：公路—Ⅱ级
跨径：3X16m　　斜交角：0°	桥面宽度：7.5m
端横梁普通钢筋构造图(三)	图　　号：3-6-3

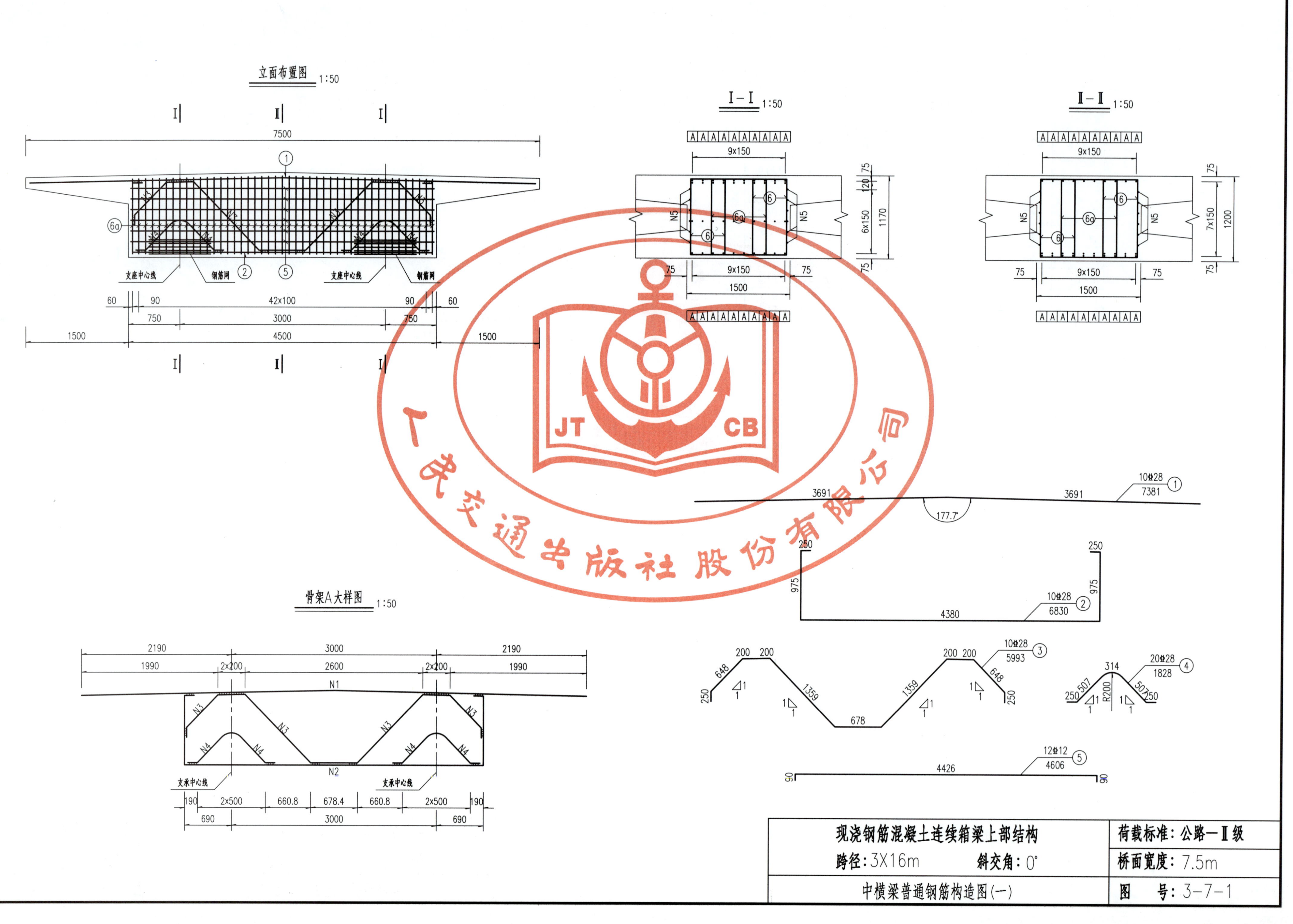

立面布置图 1:50
7500
支座中心线
钢筋网
60
90
42x100
750
3000
1500
4500
I-I 1:50
9x150
1500
6x150
1170
II-II 1:50
7x150
1200
10⌀28
7381
3691
177.7°
10⌀28
6830
4380
975
250
10⌀28
5993
648
1359
678
20⌀28
1828
314
507
R200
12⌀12
4606
4426
骨架A大样图 1:50
2190
1990
2x200
2600
N1
N2
N3
N4
2x500
660.8
678.4
690
支承中心线
现浇钢筋混凝土连续箱梁上部结构
跨径：3X16m
斜交角：0°
荷载标准：公路—II级
桥面宽度：7.5m
中横梁普通钢筋构造图(一)
图 号：3-7-1

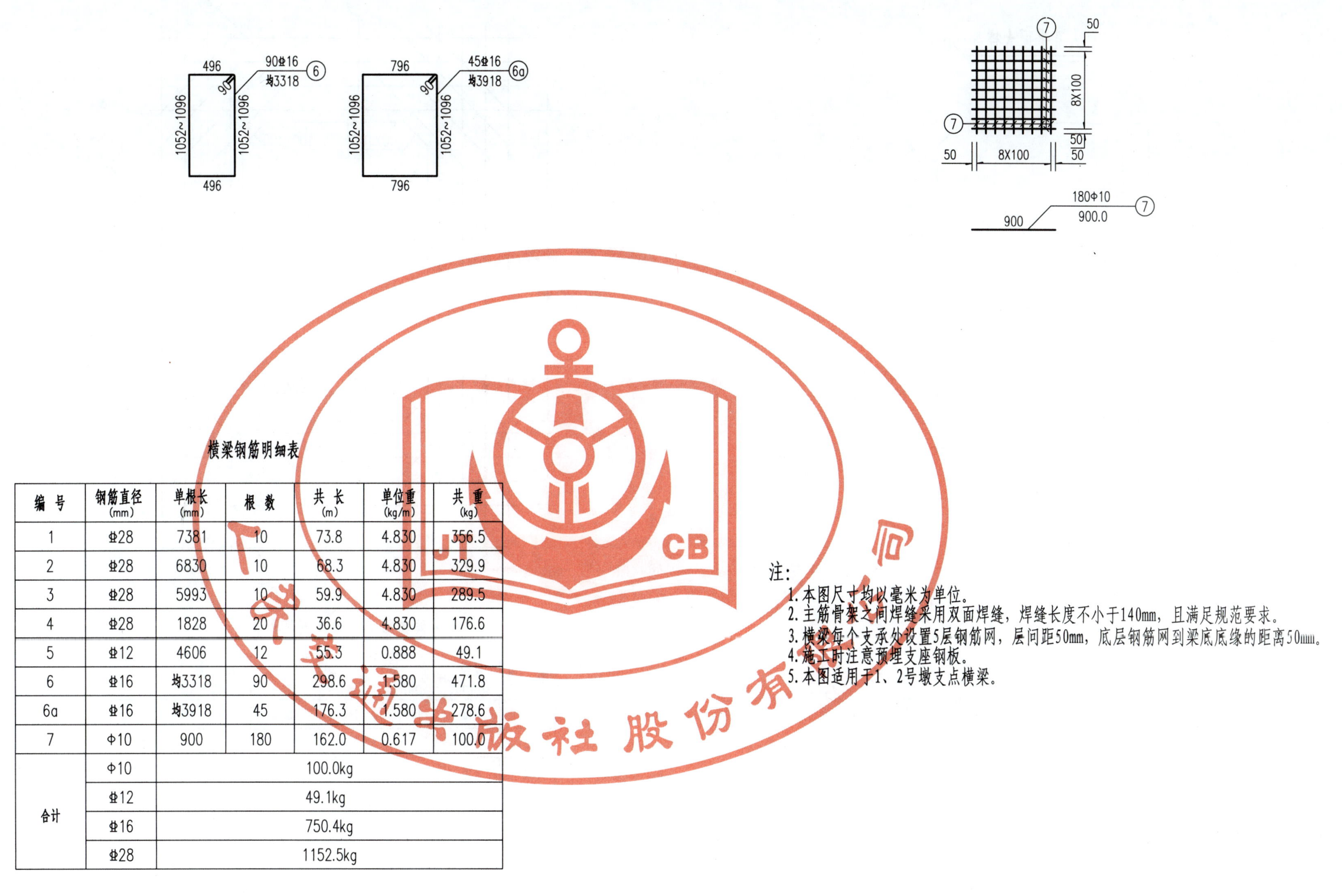

横梁钢筋明细表

编号	钢筋直径(mm)	单根长(mm)	根数	共长(m)	单位重(kg/m)	共重(kg)
1	⌀28	7381	10	73.8	4.830	356.5
2	⌀28	6830	10	68.3	4.830	329.9
3	⌀28	5993	10	59.9	4.830	289.5
4	⌀28	1828	20	36.6	4.830	176.6
5	⌀12	4606	12	55.3	0.888	49.1
6	⌀16	均3318	90	298.6	1.580	471.8
6a	⌀16	均3918	45	176.3	1.580	278.6
7	Φ10	900	180	162.0	0.617	100.0
合计	Φ10	100.0kg				
	⌀12	49.1kg				
	⌀16	750.4kg				
	⌀28	1152.5kg				

注：
1. 本图尺寸均以毫米为单位。
2. 主筋骨架之间焊缝采用双面焊缝，焊缝长度不小于140mm，且满足规范要求。
3. 横梁每个支承处设置5层钢筋网，层间距50mm，底层钢筋网到梁底底缘的距离50mm。
4. 施工时注意预埋支座钢板。
5. 本图适用于1、2号墩支点横梁。

现浇钢筋混凝土连续箱梁上部结构		荷载标准：公路—Ⅱ级
跨径：3X16m	斜交角：0°	桥面宽度：7.5m
中横梁普通钢筋构造图(二)		图　号：3-7-2

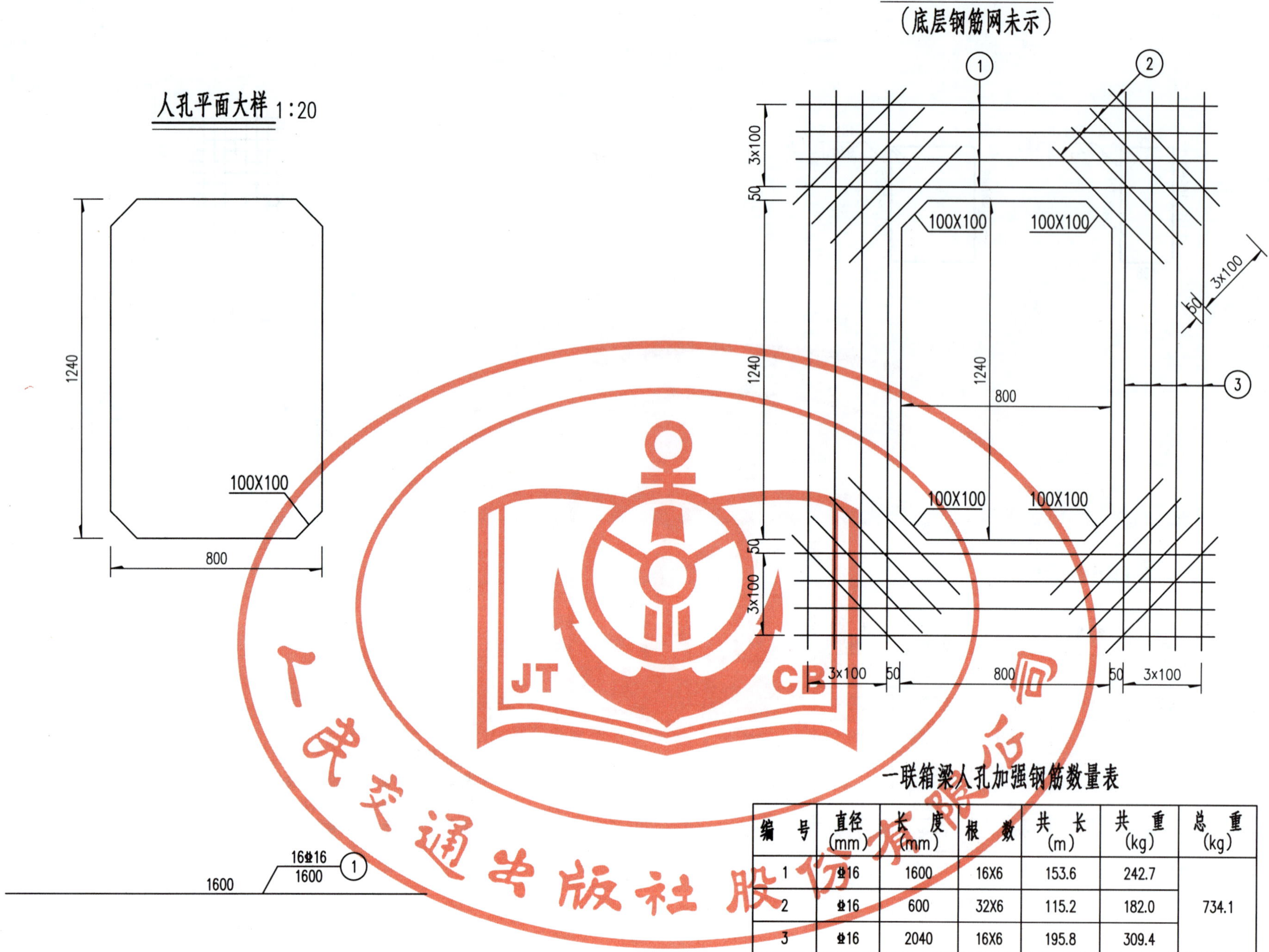

一联箱梁人孔加强钢筋数量表

编号	直径 (mm)	长度 (mm)	根数	共长 (m)	共重 (kg)	总重 (kg)
1	⌀16	1600	16X6	153.6	242.7	734.1
2	⌀16	600	32X6	115.2	182.0	
3	⌀16	2040	16X6	195.8	309.4	

2040 16⌀16 2040 ③

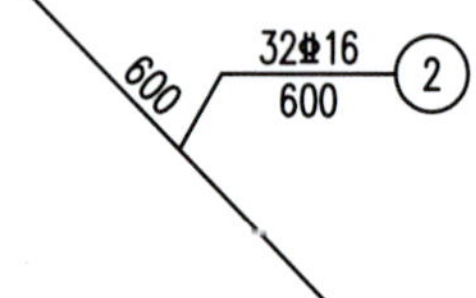

注：

1. 本图尺寸均以毫米为单位。
2. 内模拆除完毕后将人孔封闭。
3. 人孔加强钢筋设置上、下两层，净保护层20mm；箱梁桥面板原有钢筋在人孔处截断，应在封孔时采用“等强度”原则予以补强。

现浇钢筋混凝土连续箱梁上部结构	荷载标准：公路—Ⅱ级
跨径：3X16m　　斜交角：0°	桥面宽度：7.5m
箱梁人孔加强钢筋构造图	图　号：3-8

盆式支座布置示意图

注:

1. 本图尺寸以毫米为单位。
2. 图中支座上的箭头表示支座位移方向。

现浇钢筋混凝土连续箱梁上部结构 跨径:3X16m　　斜交角:0°	荷载标准:公路—Ⅱ级 桥面宽度:7.5m
支座布置示意图	图　号:3-9

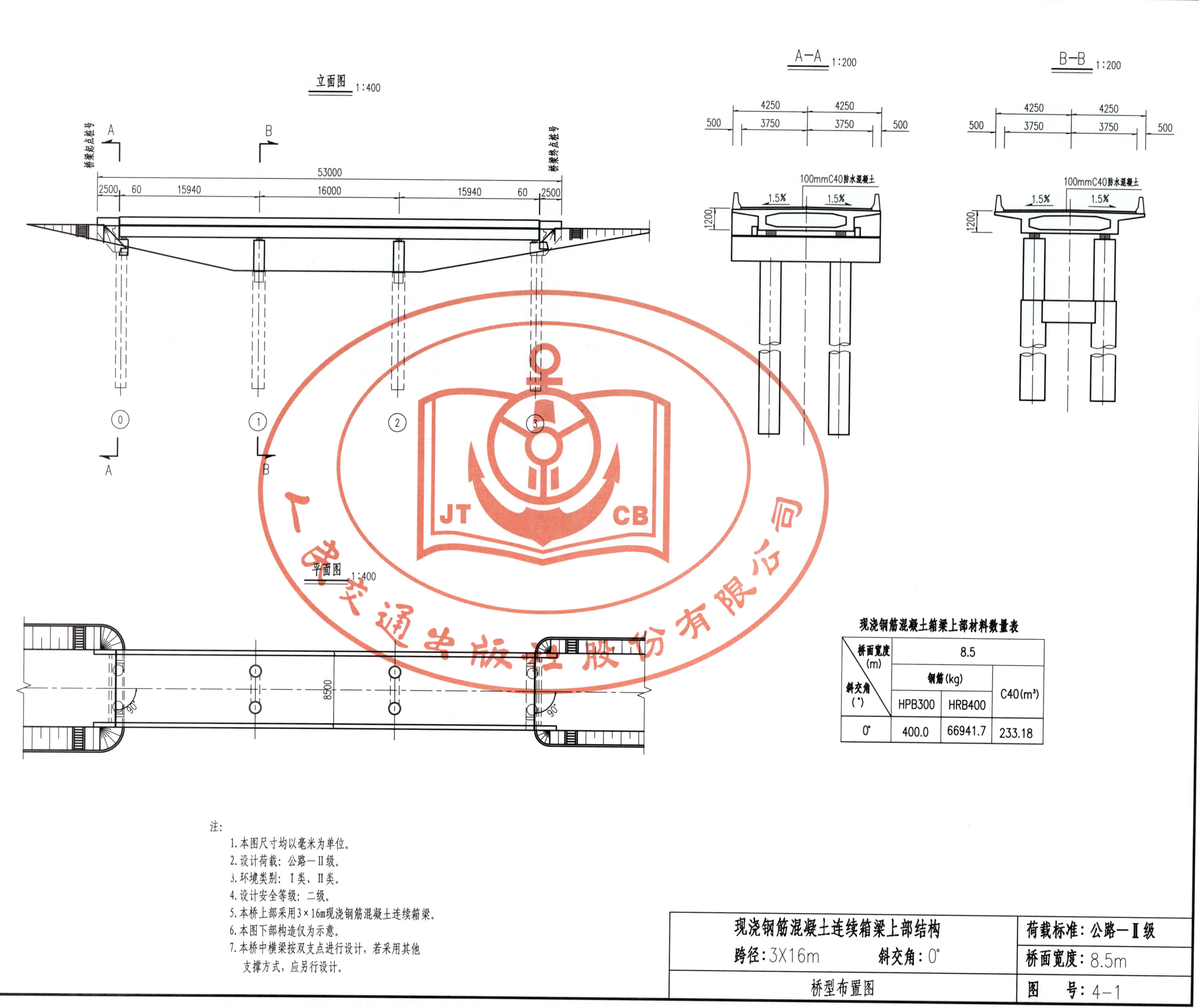

现浇钢筋混凝土箱梁上部材料数量表

桥面宽度(m) / 斜交角(°)	8.5		
	钢筋(kg)		C40(m³)
	HPB300	HRB400	
0°	400.0	66941.7	233.18

注:

1. 本图尺寸均以毫米为单位。
2. 设计荷载:公路—Ⅱ级。
3. 环境类别:Ⅰ类、Ⅱ类。
4. 设计安全等级:二级。
5. 本桥上部采用3×16m现浇钢筋混凝土连续箱梁。
6. 本图下部构造仅为示意。
7. 本桥中横梁按双支点进行设计,若采用其他支撑方式,应另行设计。

现浇钢筋混凝土连续箱梁上部结构 跨径:3X16m　　斜交角:0°	荷载标准:公路—Ⅱ级 桥面宽度:8.5m
桥型布置图	图　号:4-1

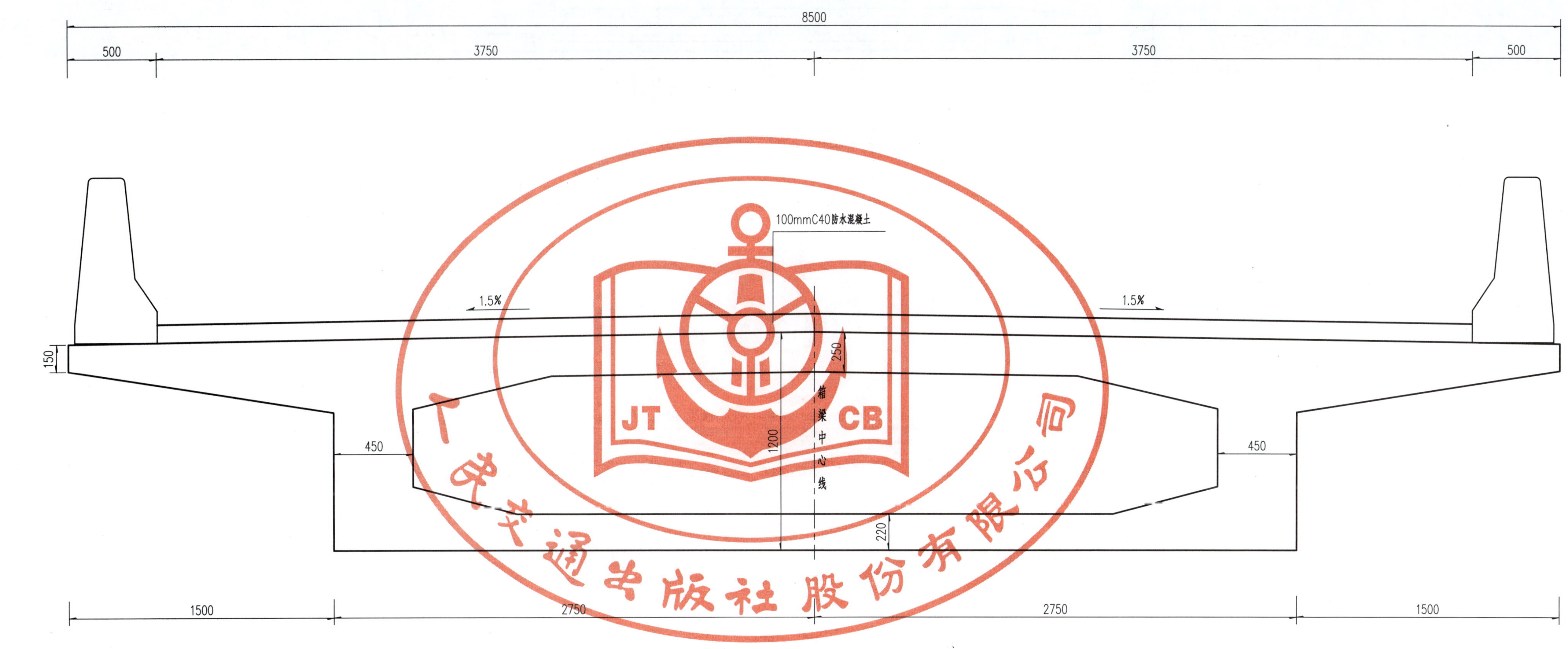

注:
本图尺寸均以毫米为单位。

现浇钢筋混凝土连续箱梁上部结构 跨径:3X16m　　斜交角:0°	荷载标准:公路—Ⅱ级
	桥面宽度:8.5m
标准横断面图	图　号:4−2

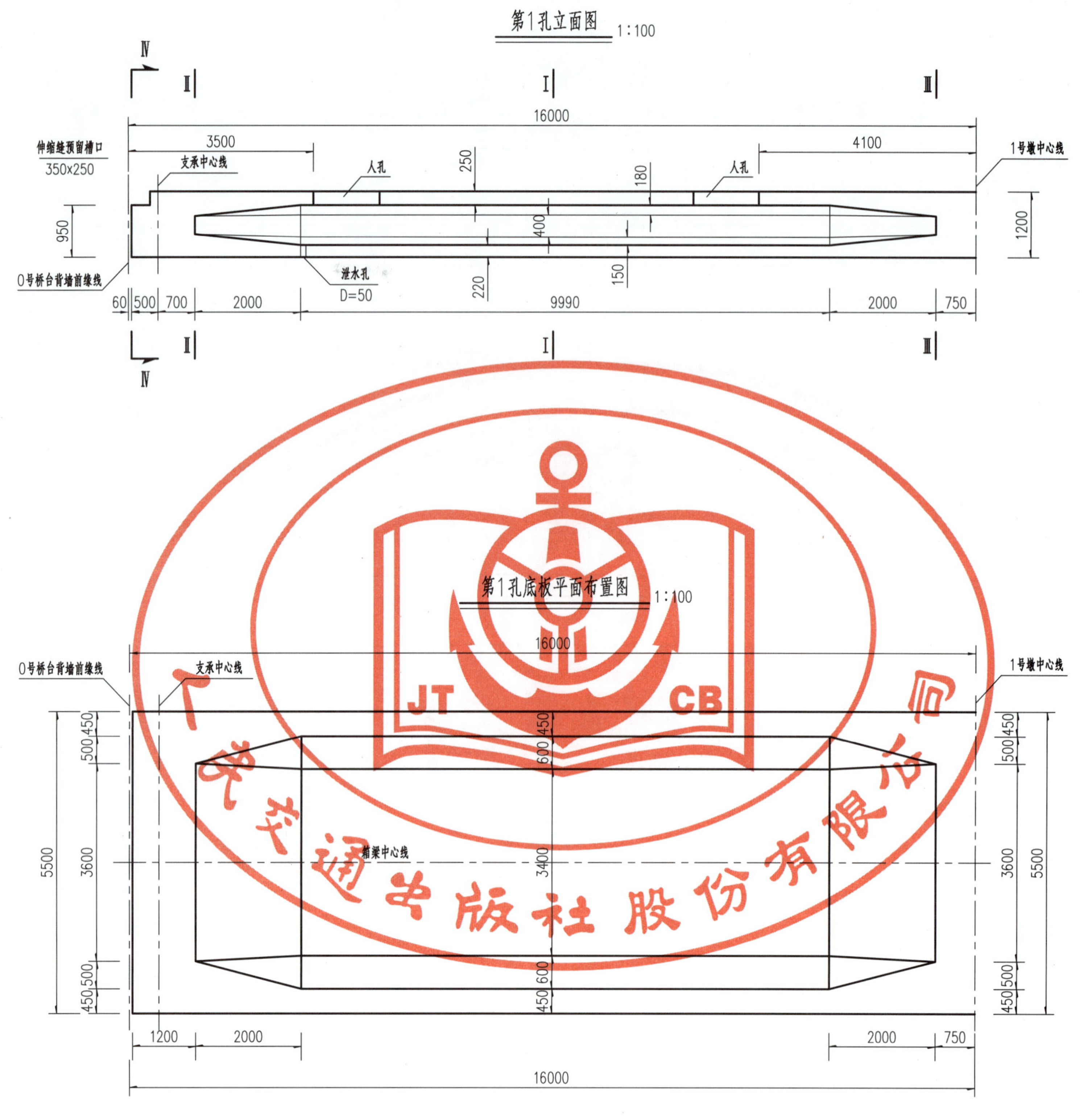

现浇钢筋混凝土连续箱梁上部结构	荷载标准：公路—Ⅰ级
跨径：3X16m　斜交角：0°	桥面宽度：8.5m
箱梁一般构造图（一）	图　号：4-3-1

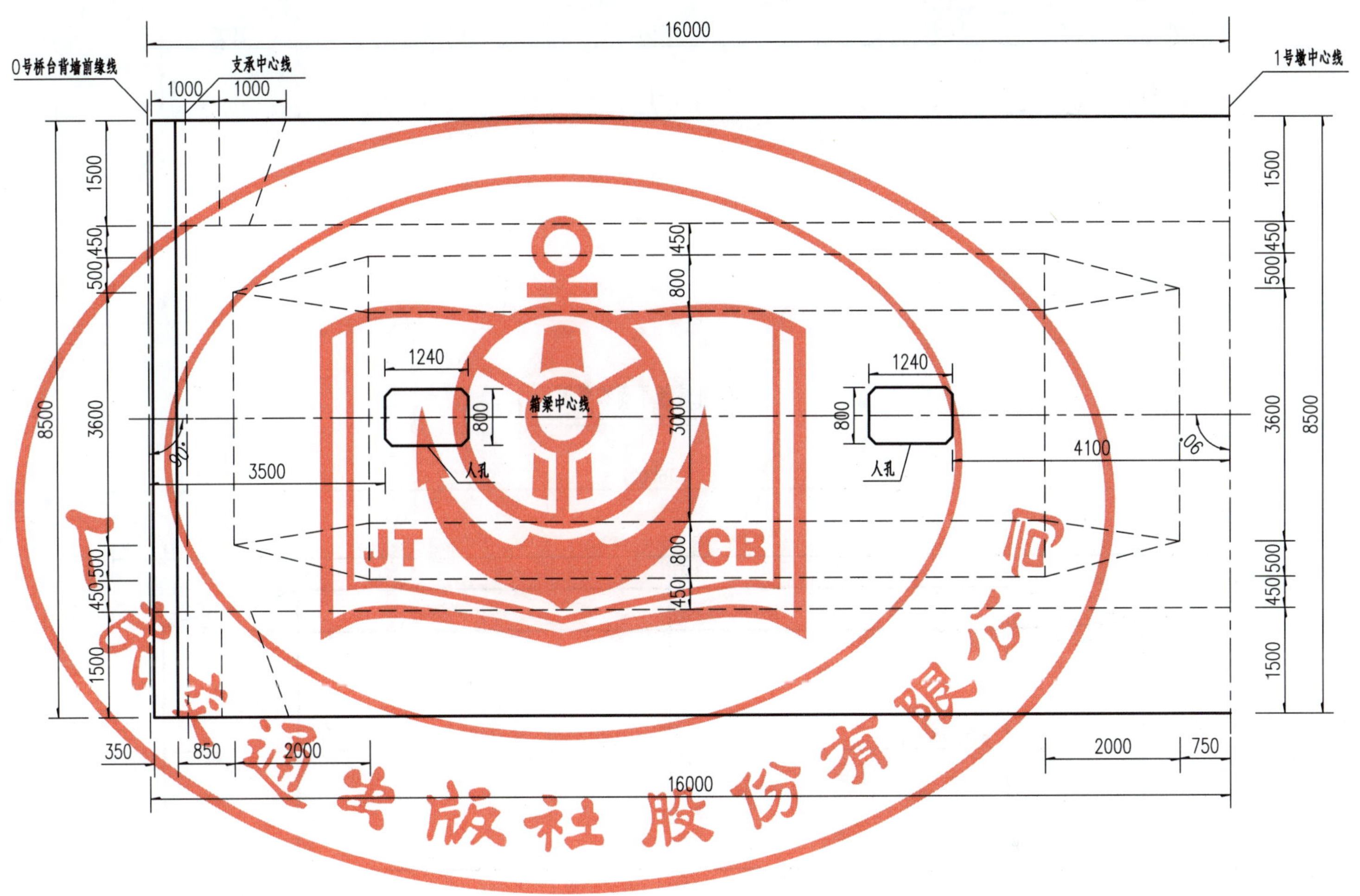

现浇钢筋混凝土连续箱梁上部结构	荷载标准：公路—Ⅱ级
跨径：3X16m 斜交角：0°	桥面宽度：8.5m
箱梁一般构造图（二）	图 号：4-3-2

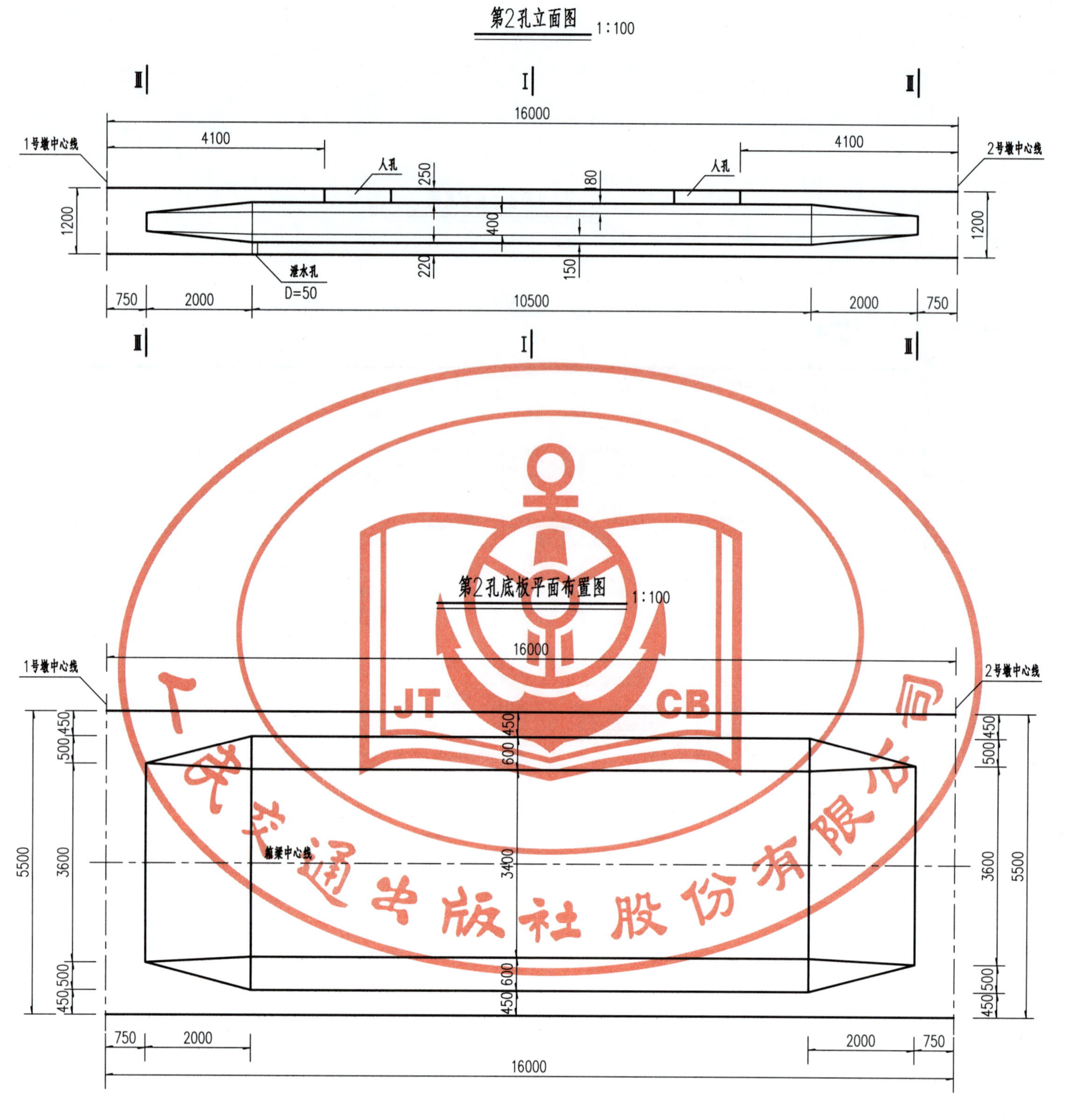

现浇钢筋混凝土连续箱梁上部结构	荷载标准：公路—Ⅱ级
跨径：3X16m　斜交角：0°	桥面宽度：8.5m
箱梁一般构造图（三）	图　号：4-3-3

第2孔顶板平面布置图 1:100

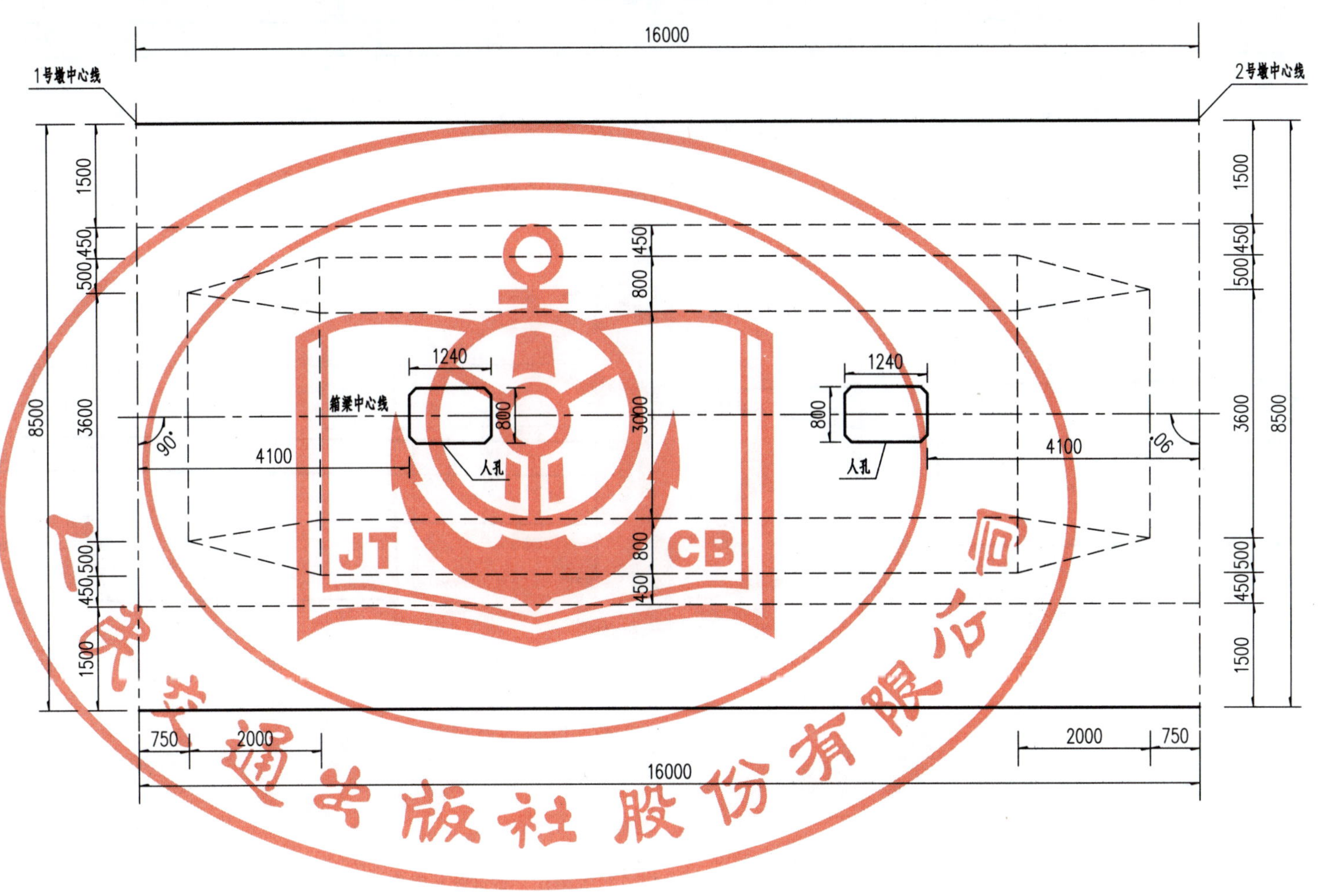

现浇钢筋混凝土连续箱梁上部结构	荷载标准：公路—Ⅱ级
跨径：3X16m　　斜交角：0°	桥面宽度：8.5m
箱梁一般构造图（四）	图　号：4-3-4

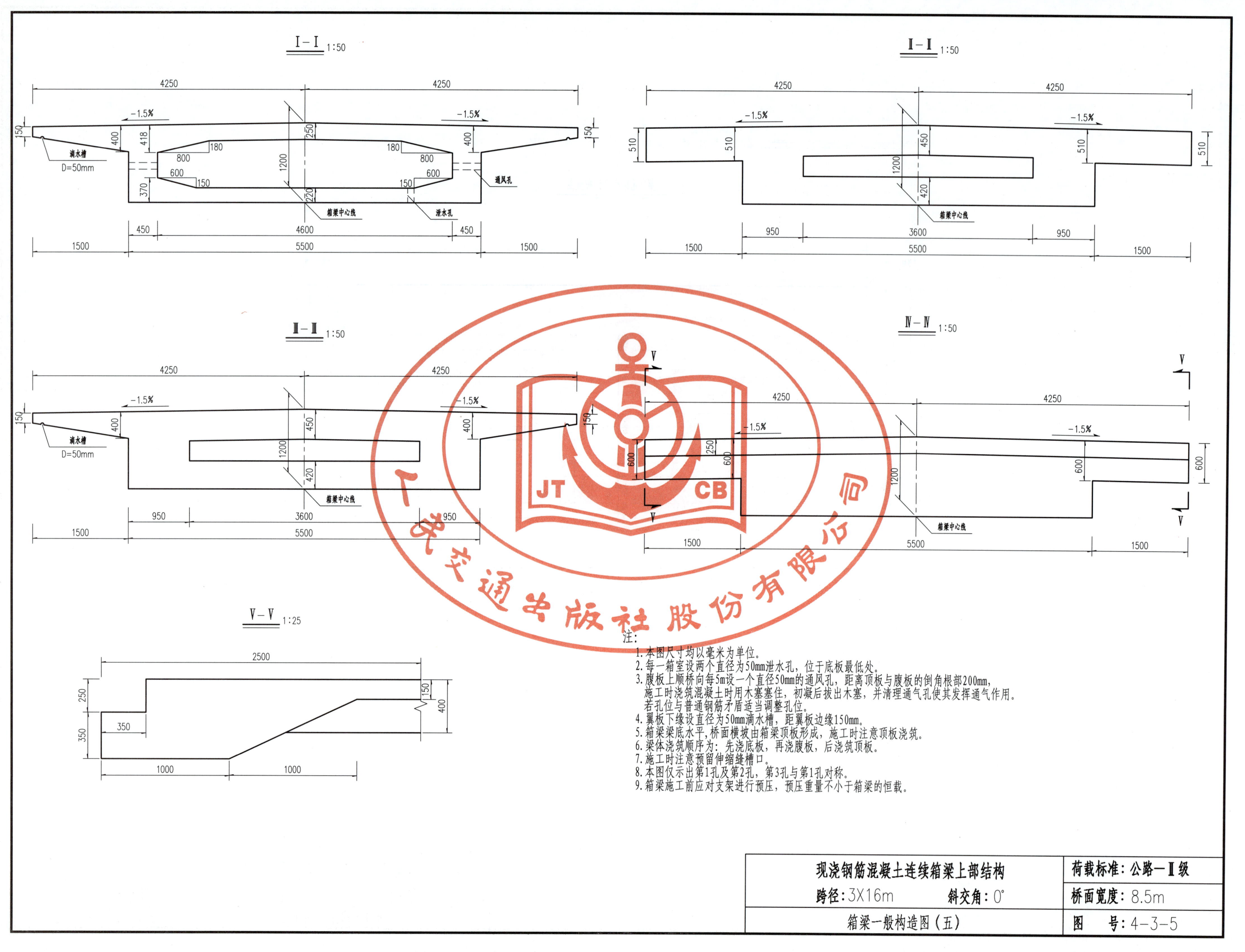
I－I 1:50
II－II 1:50
III－III 1:50
IV－IV 1:50
V－V 1:25
4250
-1.5%
滴水槽
D=50mm
通风孔
泄水孔
箱梁中心线
1500
5500
4600
3600
950
450
1200
2500
1000
350
250
400
150
注:
1.本图尺寸均以毫米为单位。
2.每一箱室设两个直径为50mm泄水孔，位于底板最低处。
3.腹板上顺桥向每5m设一个直径50mm的通风孔，距离顶板与腹板的倒角根部200mm，施工时浇筑混凝土时用木塞塞住，初凝后拔出木塞，并清理通气孔使其发挥通气作用。若孔位与普通钢筋矛盾适当调整孔位。
4.翼板下缘设直径为50mm滴水槽，距翼板边缘150mm。
5.箱梁梁底水平，桥面横坡由箱梁顶板形成，施工时注意顶板浇筑。
6.梁体浇筑顺序为：先浇底板，再浇腹板，后浇筑顶板。
7.施工时注意预留伸缩槽口。
8.本图仅示出第1孔及第2孔，第3孔与第1孔对称。
9.箱梁施工前应对支架进行预压，预压重量不小于箱梁的恒载。
现浇钢筋混凝土连续箱梁上部结构
跨径：3X16m
斜交角：0°
箱梁一般构造图（五）
荷载标准：公路—II级
桥面宽度：8.5m
图 号：4-3-5

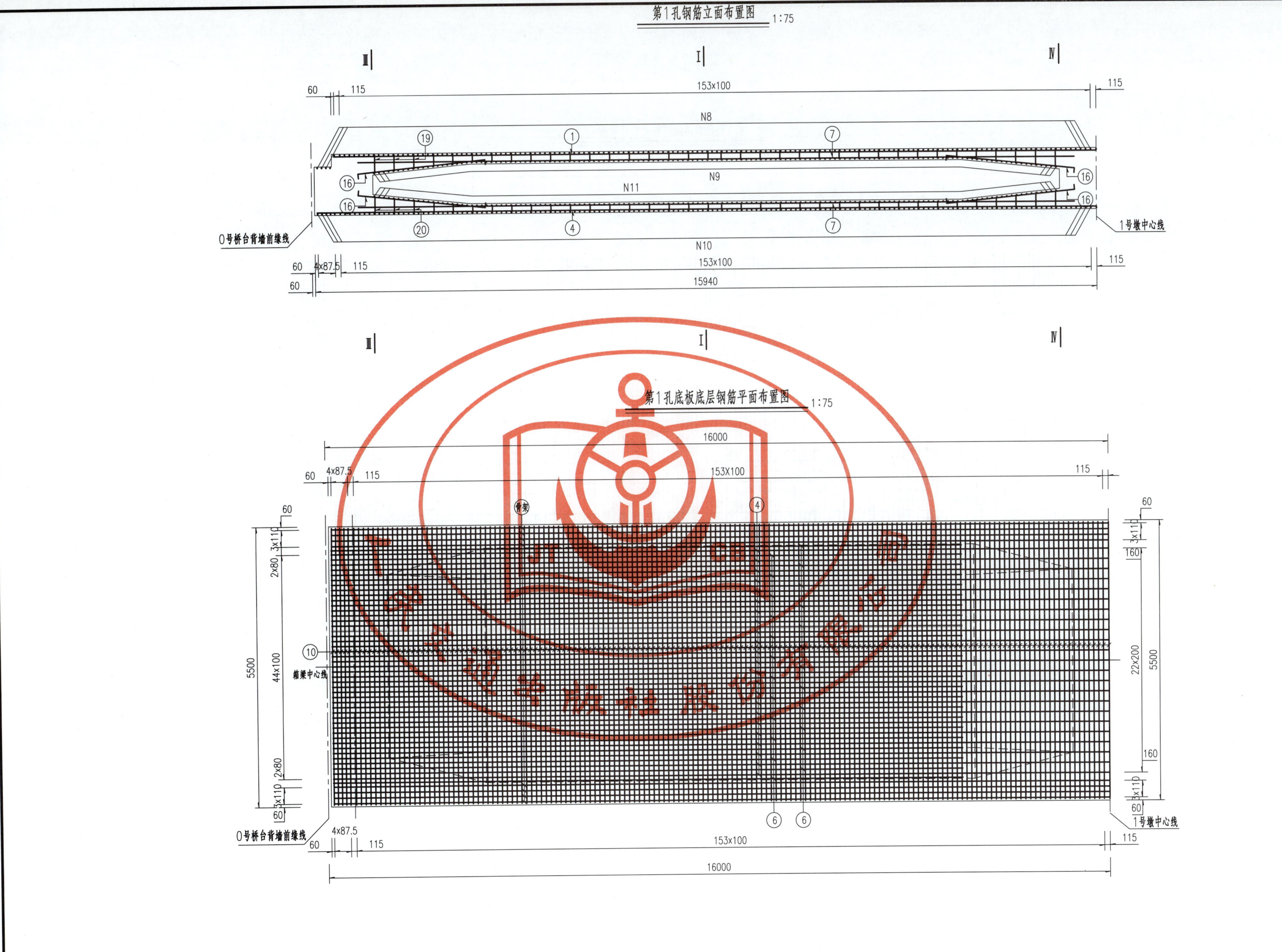

现浇钢筋混凝土连续箱梁上部结构	荷载标准：公路—Ⅱ级
跨径：3X16m　　斜交角：0°	桥面宽度：8.5m
箱梁普通钢筋构造图(一)	图　号：4-4-1

第1孔顶板顶层钢筋平面布置图 1:75

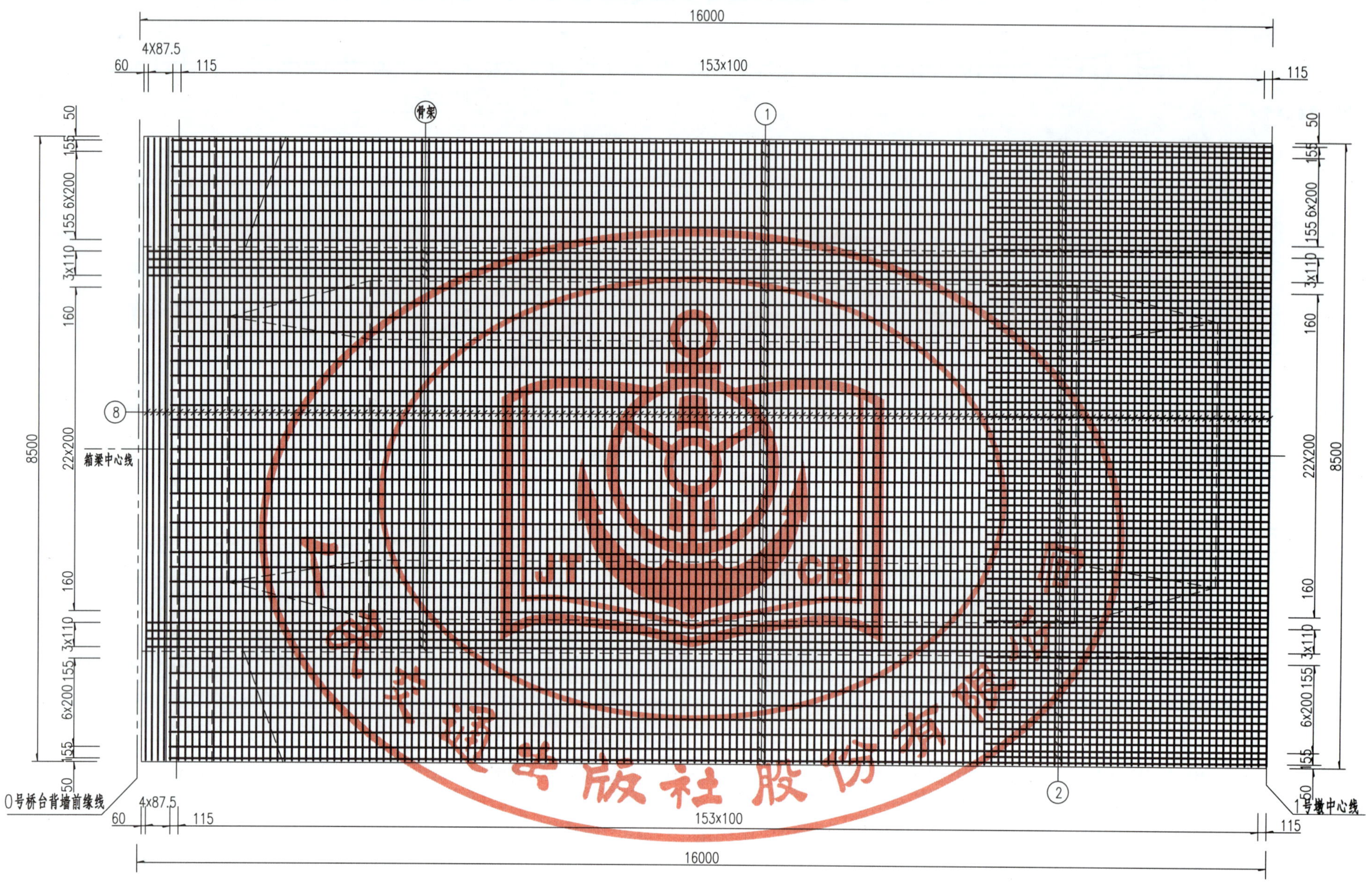

16000
4X87.5
60 115 153x100 115
50 155 6X200 155 3X110 160 22X200 160 3X110 155 6X200 155 50
8500
箱梁中心线
0号桥台背墙前缘线
1号墩中心线

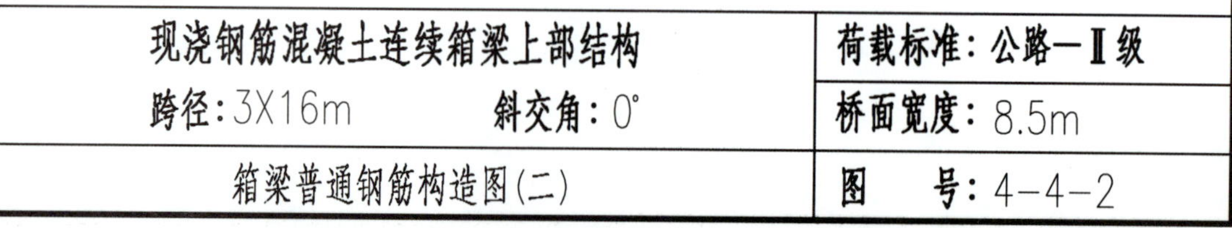

现浇钢筋混凝土连续箱梁上部结构		荷载标准：公路—Ⅱ级
跨径：3X16m	斜交角：0°	桥面宽度：8.5m
箱梁普通钢筋构造图(二)		图　号：4-4-2

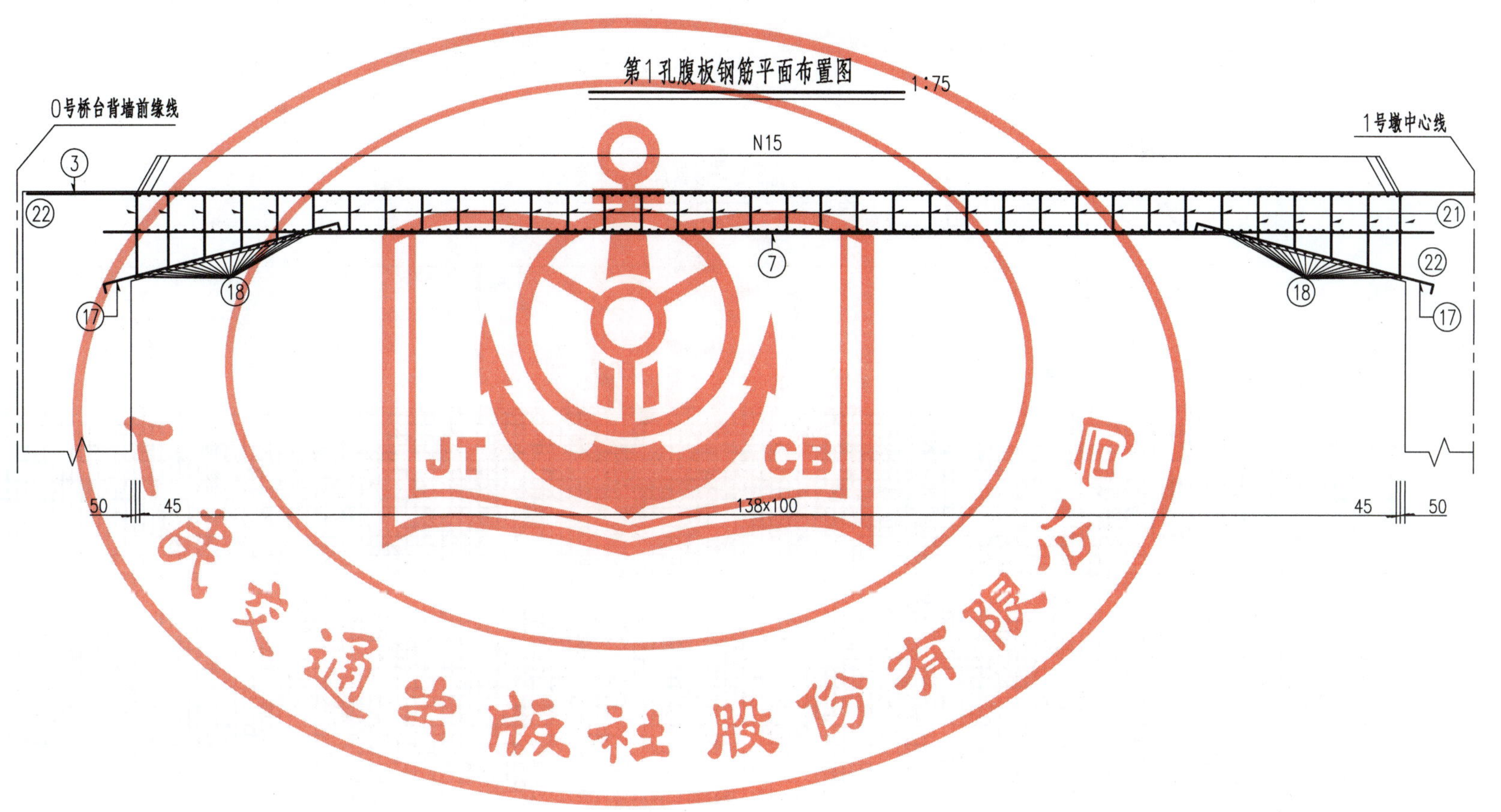

现浇钢筋混凝土连续箱梁上部结构		荷载标准：公路—Ⅱ级
跨径：3X16m	斜交角：0°	桥面宽度：8.5m
箱梁普通钢筋构造图(三)		图　号：4-4-3

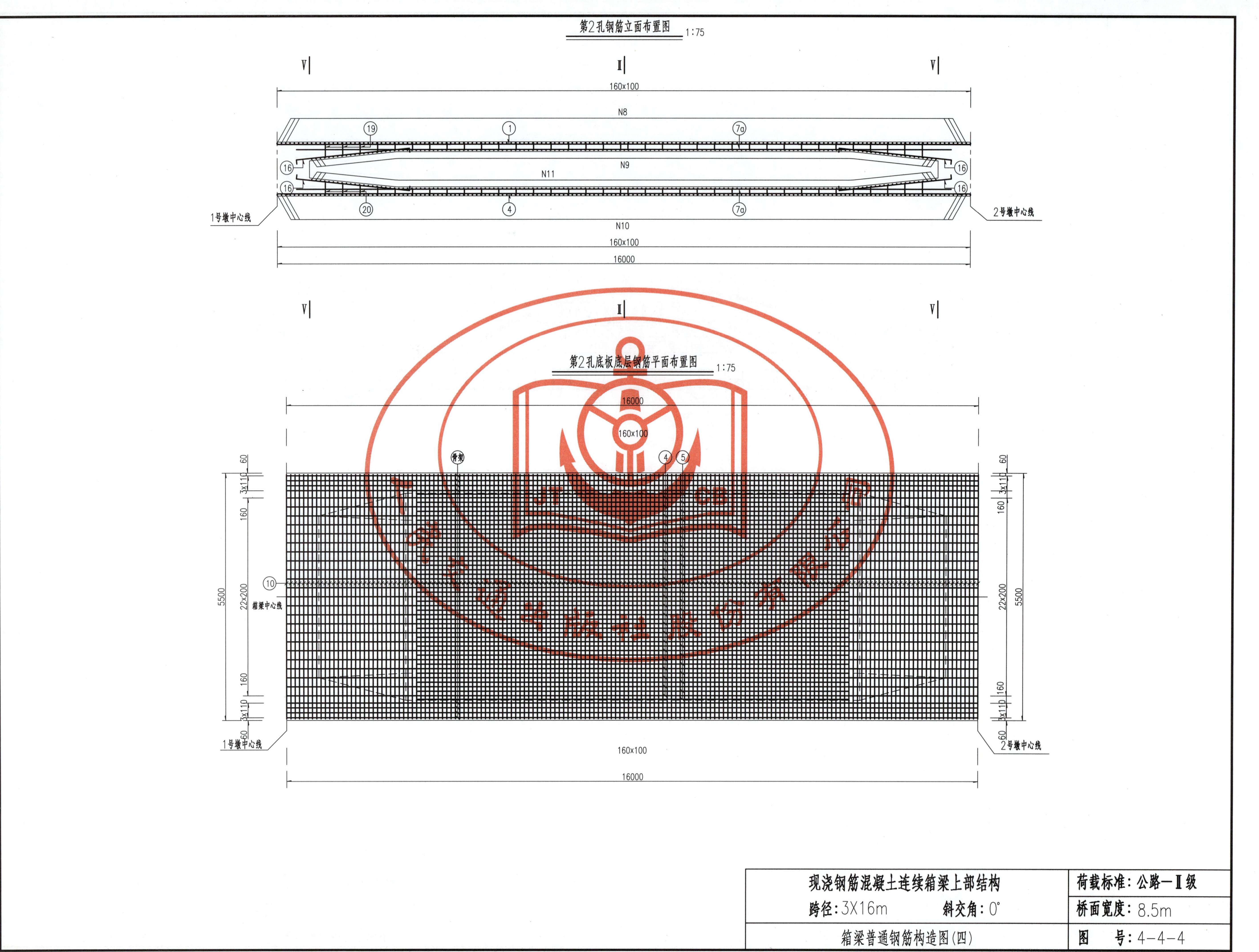

第2孔钢筋立面布置图 1:75
Ⅴ
Ⅰ
Ⅴ
160x100
N8
19
1
7a
16
N9
N11
16
20
4
7a
1号墩中心线
2号墩中心线
N10
160x100
16000
第2孔底板底层钢筋平面布置图 1:75
16000
160x100
骨架
4
5
10
箱梁中心线
60
3x110
160
22x200
5500
160x100
16000
1号墩中心线
2号墩中心线
现浇钢筋混凝土连续箱梁上部结构
跨径:3X16m
斜交角:0°
荷载标准:公路—Ⅱ级
桥面宽度:8.5m
箱梁普通钢筋构造图(四)
图 号:4-4-4

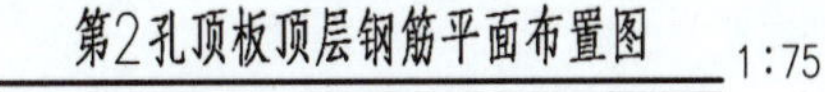

第2孔顶板顶层钢筋平面布置图 1:75

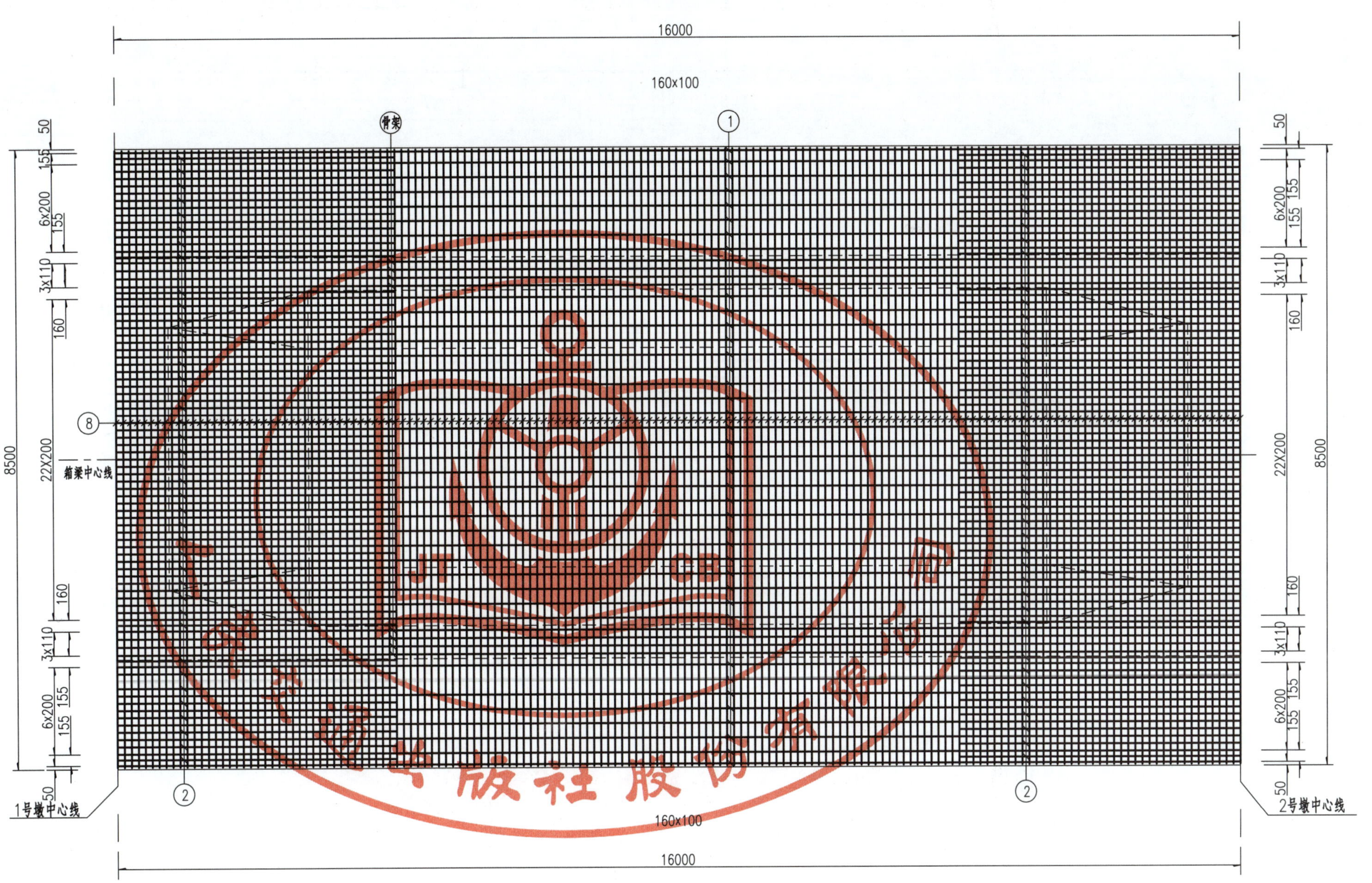

现浇钢筋混凝土连续箱梁上部结构 跨径：3X16m　　斜交角：0°	荷载标准：公路—Ⅱ级 桥面宽度：8.5m
箱梁普通钢筋构造图(五)	图　号：4-4-5

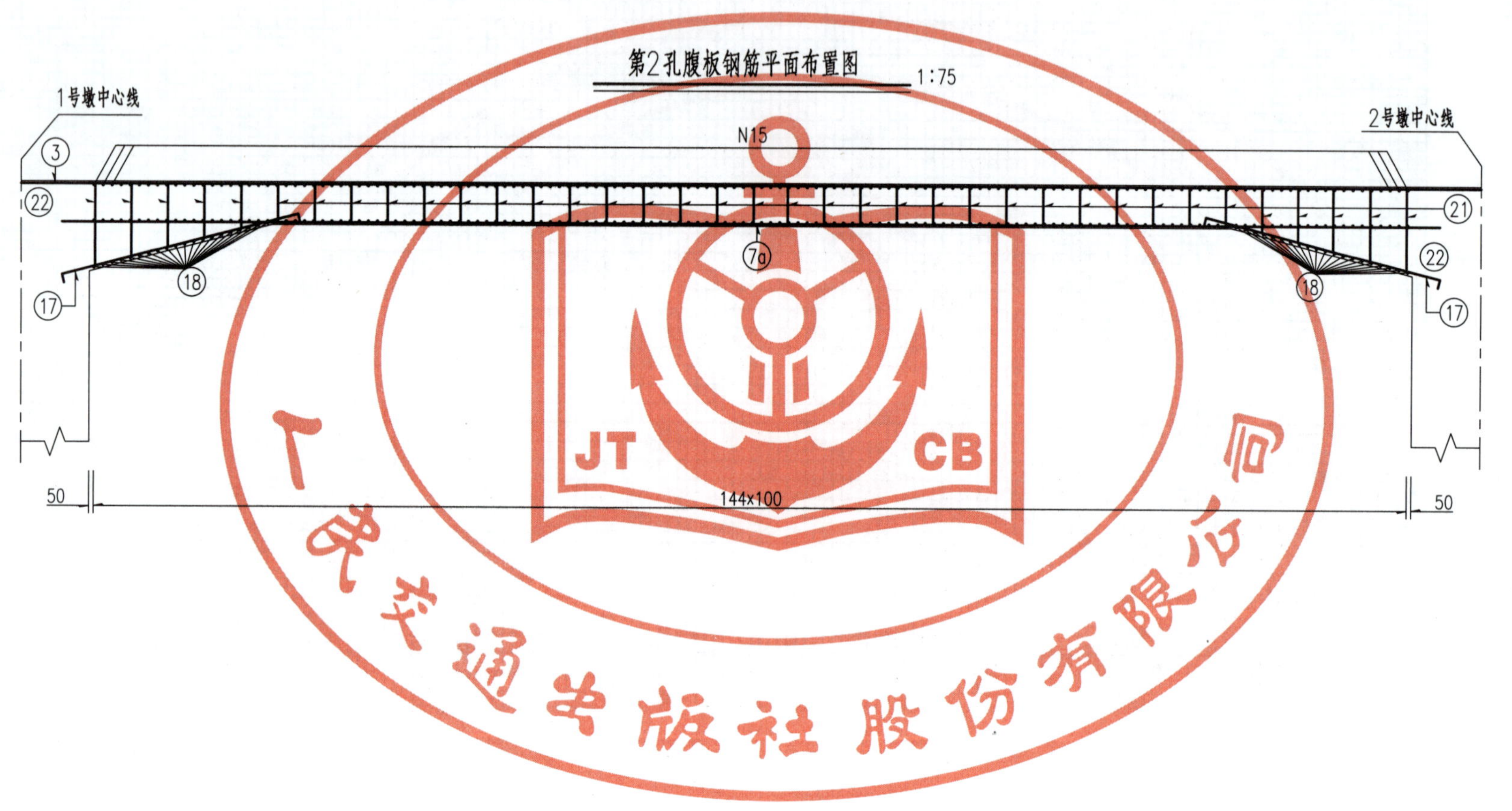

现浇钢筋混凝土连续箱梁上部结构	荷载标准：公路—Ⅱ级
跨径：3X16m　　斜交角：0°	桥面宽度：8.5m
箱梁普通钢筋构造图(六)	图　号：4-4-6

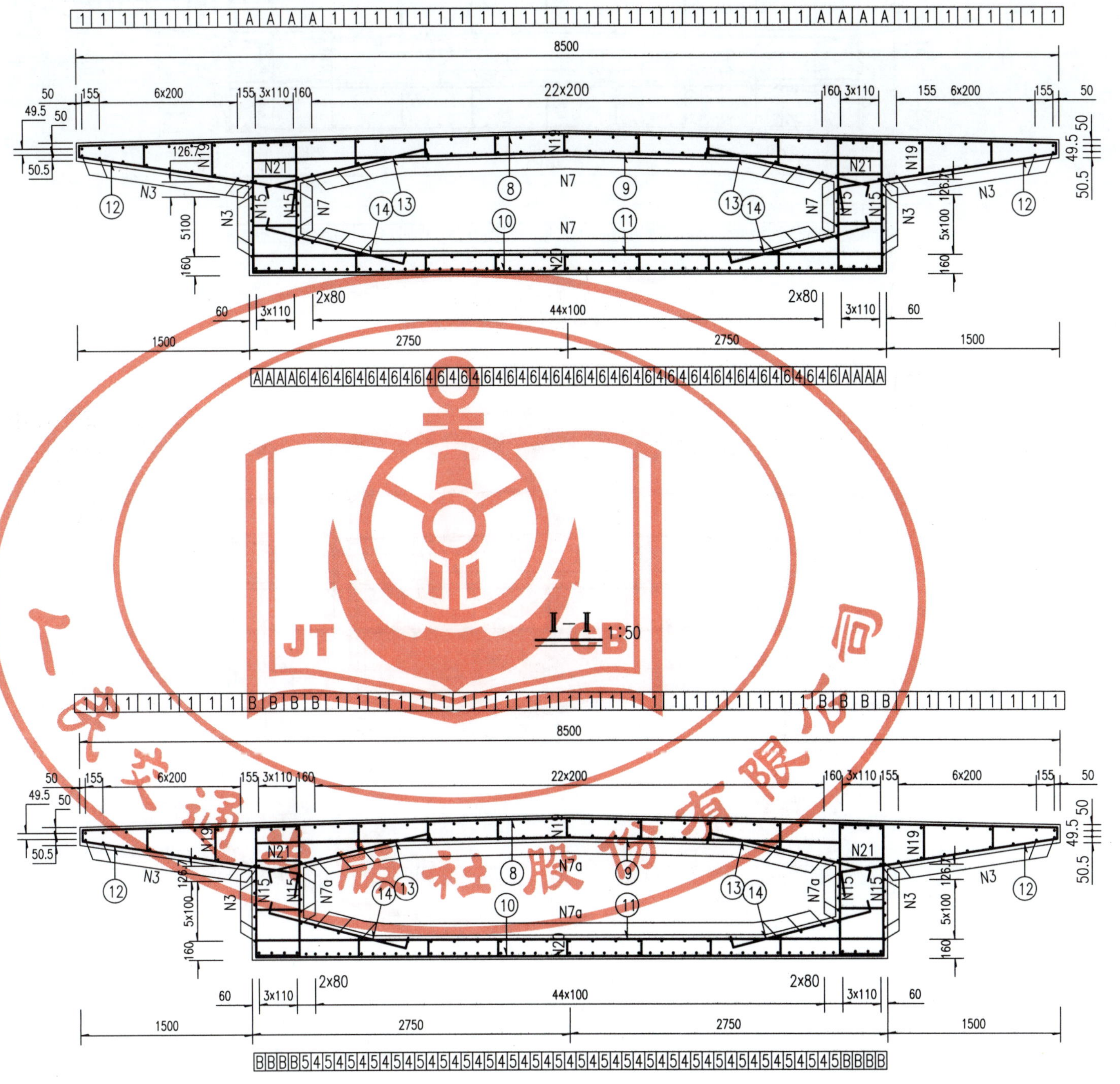

现浇钢筋混凝土连续箱梁上部结构 跨径:3X16m　斜交角:0°	荷载标准:公路—Ⅱ级
	桥面宽度:8.5m
箱梁普通钢筋构造图(七)	图　号:4-4-7

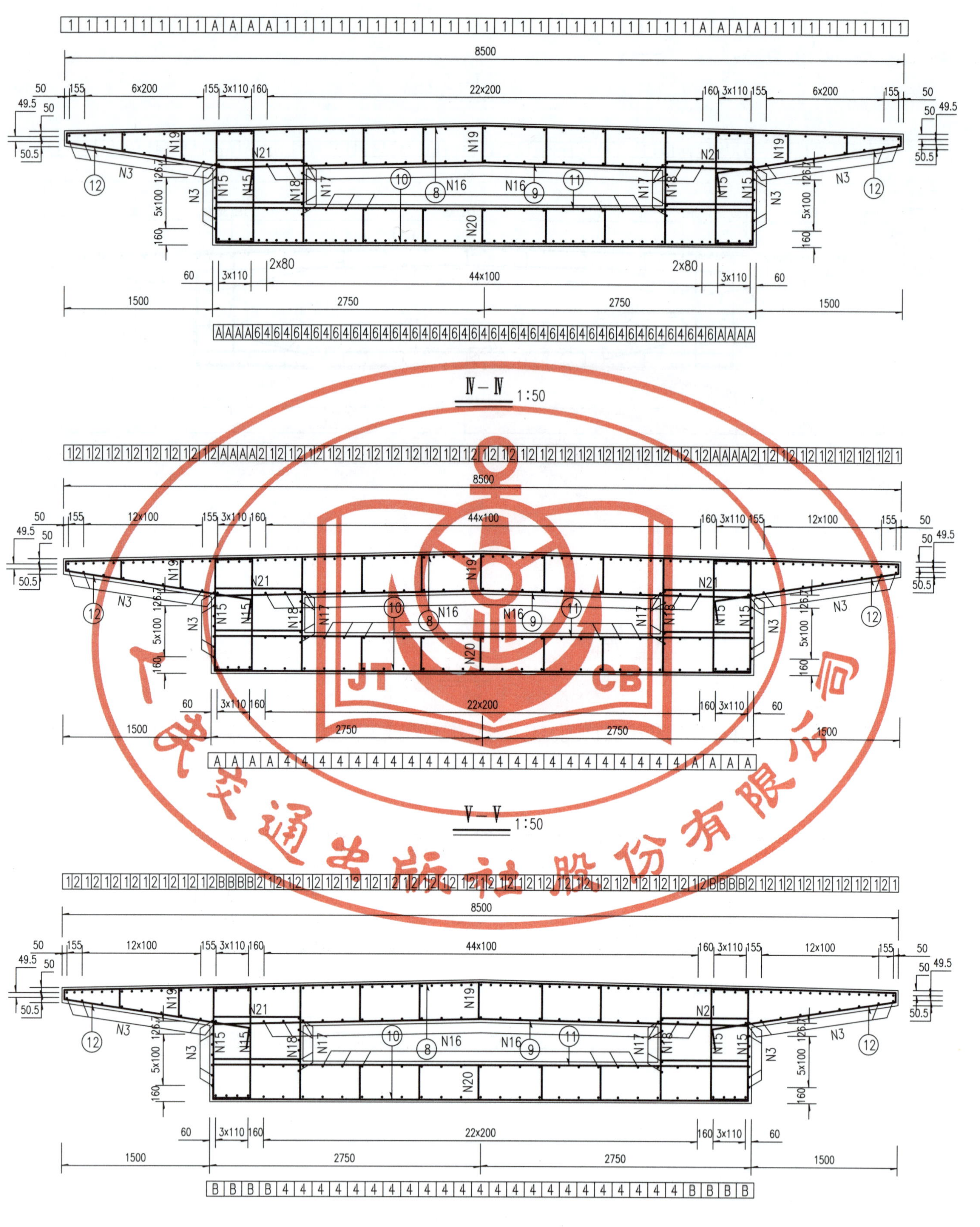

现浇钢筋混凝土连续箱梁上部结构		荷载标准：公路—Ⅱ级
跨径：3X16m	斜交角：0°	桥面宽度：8.5m
箱梁普通钢筋构造图(八)		图　号：4-4-8

箱梁钢筋明细表及材料数量表

编号	直径(mm)	单根长(mm)	根数	共长(m)	单位重(kg/m)	共重(kg)
1	Φ28	47080	39	1836.1	4.830	8868.5
2	Φ28	8000	80	640.0	4.830	3091.2
3	Φ12	47780	32	1529.0	0.888	1357.7
4	Φ28	47780	23	1098.9	4.830	5307.9
5	Φ28	10000	24	240.0	4.830	1159.2
6	Φ28	12890	48	618.7	4.830	2988.4
7	Φ12	14590	118	1721.6	0.888	1528.8
7a	Φ12	15100	59	890.9	0.888	791.1
8	Φ16	8636	483	4171.2	1.580	6590.5
9	Φ16	5780	140	809.2	1.580	1278.5
10	Φ16	5830	483	2815.9	1.580	4449.1
11	Φ12	5830	140	816.2	0.888	724.8
12	Φ12	2190	886	1940.3	0.888	1723.0
13	Φ16	均1195	850	1015.8	1.580	1604.9
14	Φ16	均1093	850	929.1	1.580	1467.9
15	Φ16	3107	854	2653.4	1.580	4192.4
16	Φ12	2790	516	1439.6	0.888	1278.4
17	Φ12	2842	72	204.6	0.888	181.7
18	Φ16	均1295	248	321.2	1.580	507.5
19	Φ12	均465	1170	544.1	0.888	483.2
20	Φ12	均426	738	314.4	0.888	279.2
21	Φ12	556	316	175.7	0.888	156.0
22	Φ12	均855	120	102.6	0.888	91.1
合计	Φ12	8595.0				
	Φ16	20090.8				
	Φ28	21415.2kg				
	C40混凝土	233.18m³				

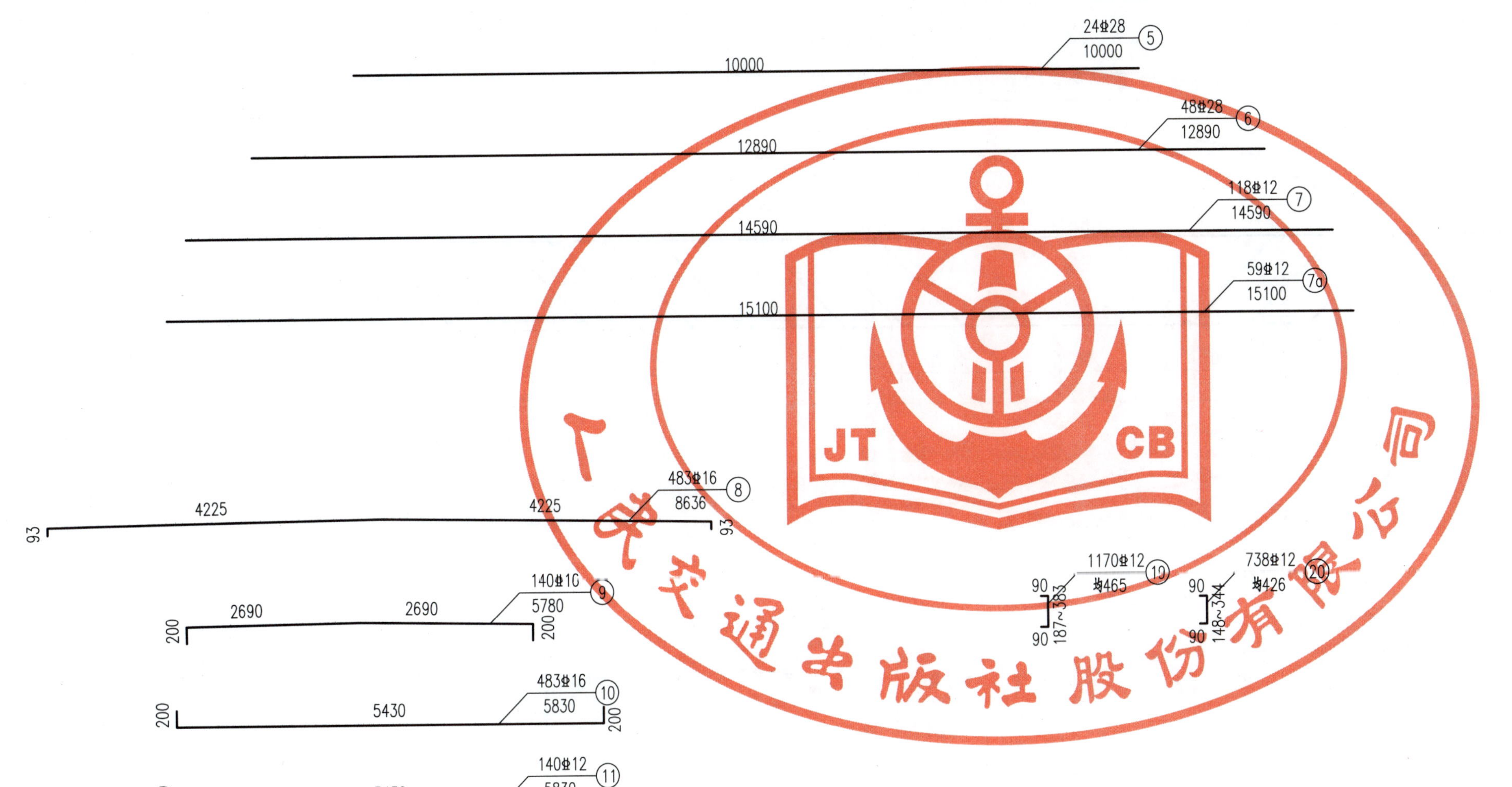

注：
1. 本图尺寸均以毫米为单位。
2. 勾筋必须勾在最外层钢筋上。
3. 横梁钢筋配置另见详图。
4. 浇筑现浇箱梁要注意预留伸缩缝槽口及预埋伸缩缝预埋件。
5. 钢筋接头在施工中注意错开。
6. 本图仅示出第1孔及第2孔，第3孔与第1孔对称。

现浇钢筋混凝土连续箱梁上部结构 跨径：3X16m 斜交角：0°	荷载标准：公路—Ⅱ级
	桥面宽度：8.5m
箱梁普通钢筋构造图(九)	图 号：4-4-9

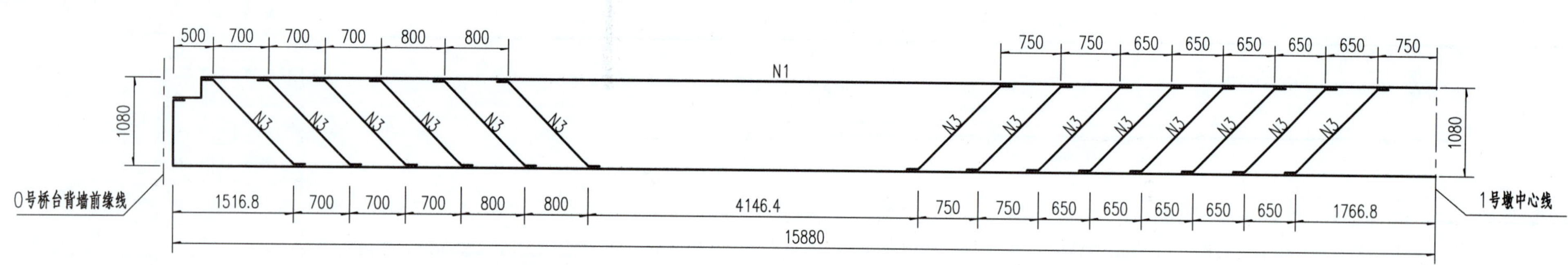

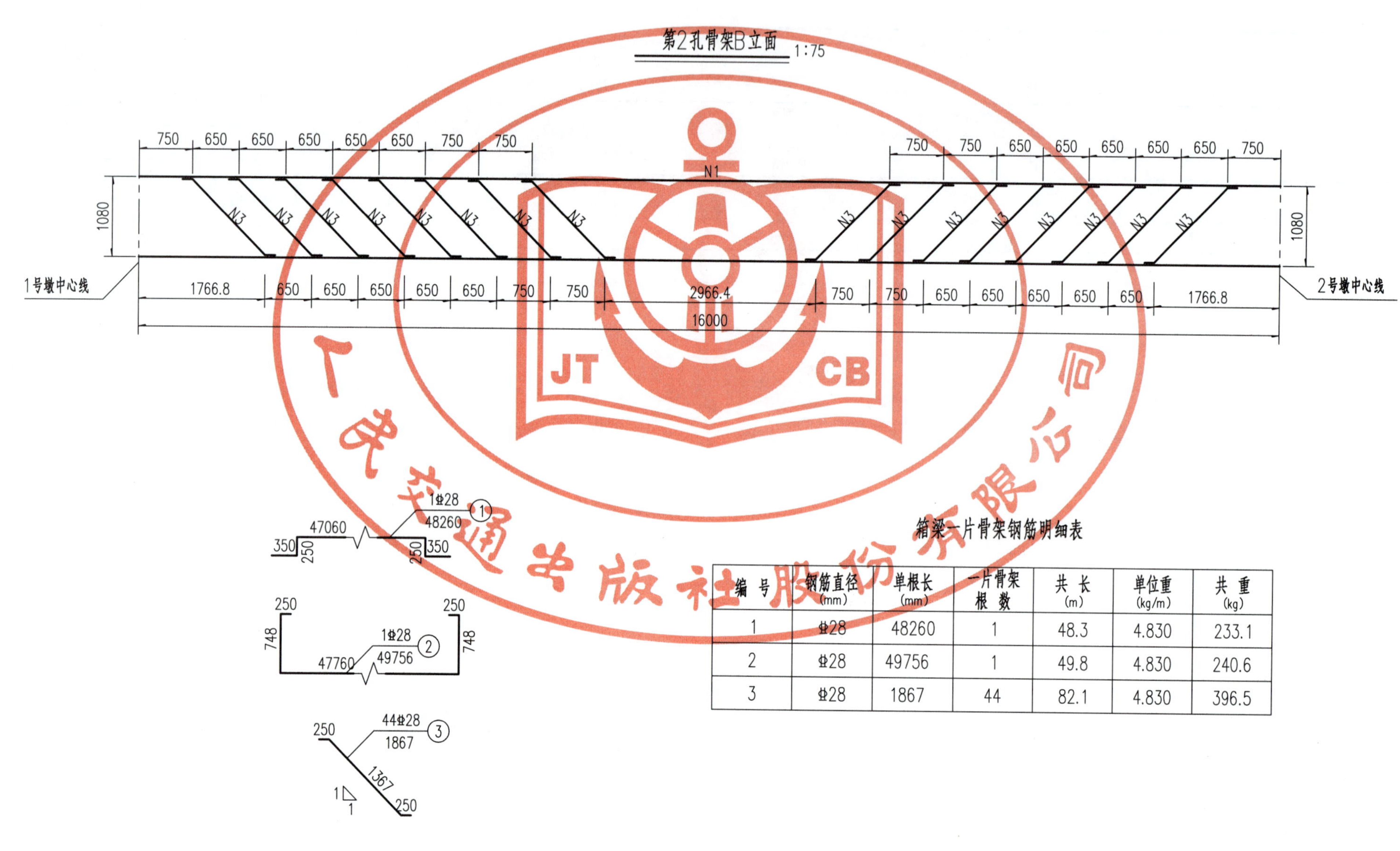

箱梁一片骨架钢筋明细表

编号	钢筋直径(mm)	单根长(mm)	一片骨架根数	共长(m)	单位重(kg/m)	共重(kg)
1	⌀28	48260	1	48.3	4.830	233.1
2	⌀28	49756	1	49.8	4.830	240.6
3	⌀28	1867	44	82.1	4.830	396.5

注：
1. 本图尺寸均以毫米为单位。
2. 主筋骨架之间焊缝均采用双面焊缝，焊缝长度不小于140mm，且满足规范要求。
3. 本图仅示出第1孔及第2孔，第3孔与第1孔对称。
4. 骨架钢筋数量表中未计钢筋搭接及损耗数量。

现浇钢筋混凝土连续箱梁上部结构	荷载标准：公路—Ⅱ级
跨径：3X16m　斜交角：0°	桥面宽度：8.5m
箱梁骨架钢筋构造图	图　号：4-5

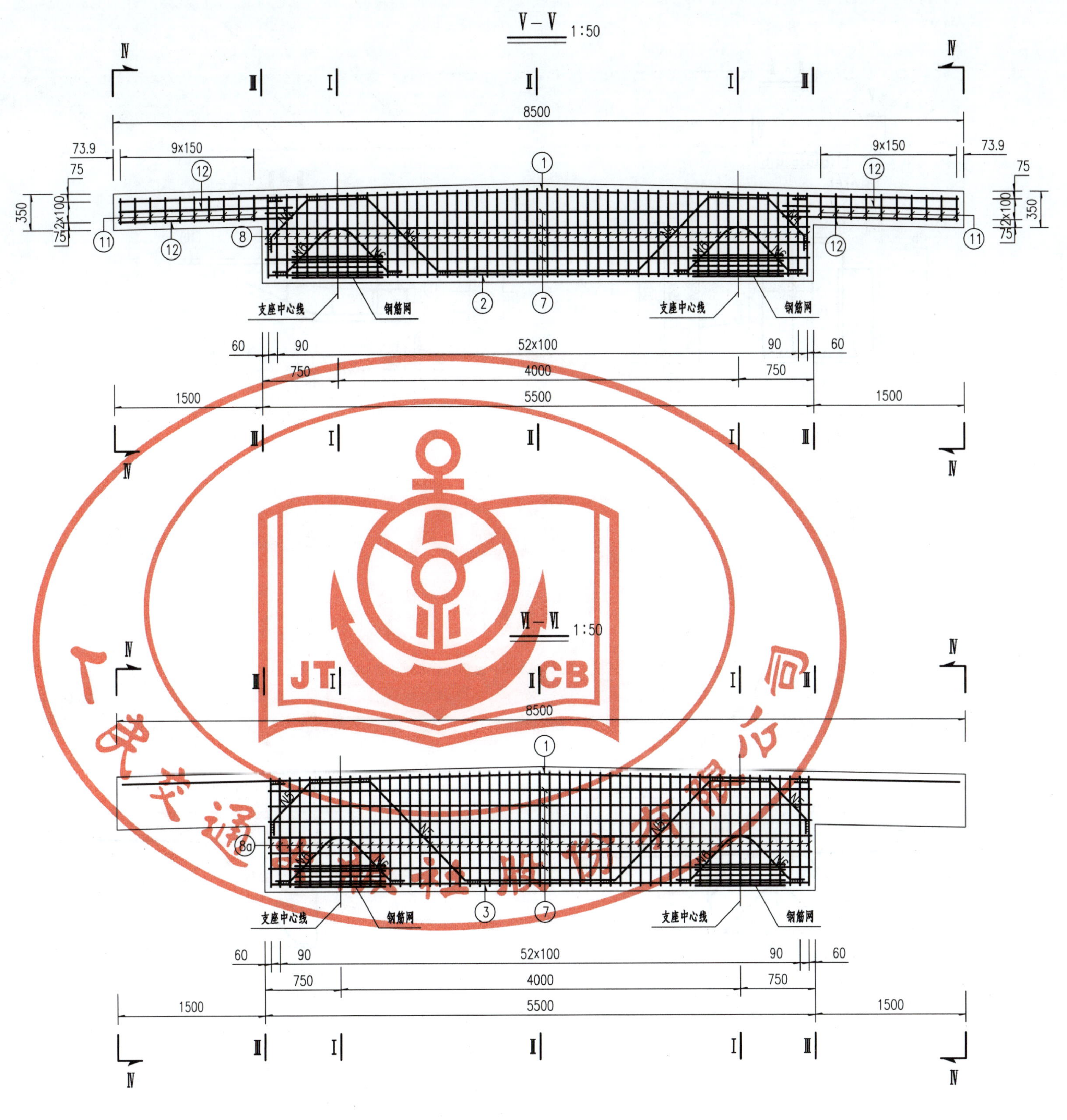

现浇钢筋混凝土连续箱梁上部结构	荷载标准：公路—Ⅱ级
跨径：3X16m　　斜交角：0°	桥面宽度：8.5m
端横梁普通钢筋构造图(一)	图　号：4-6-1

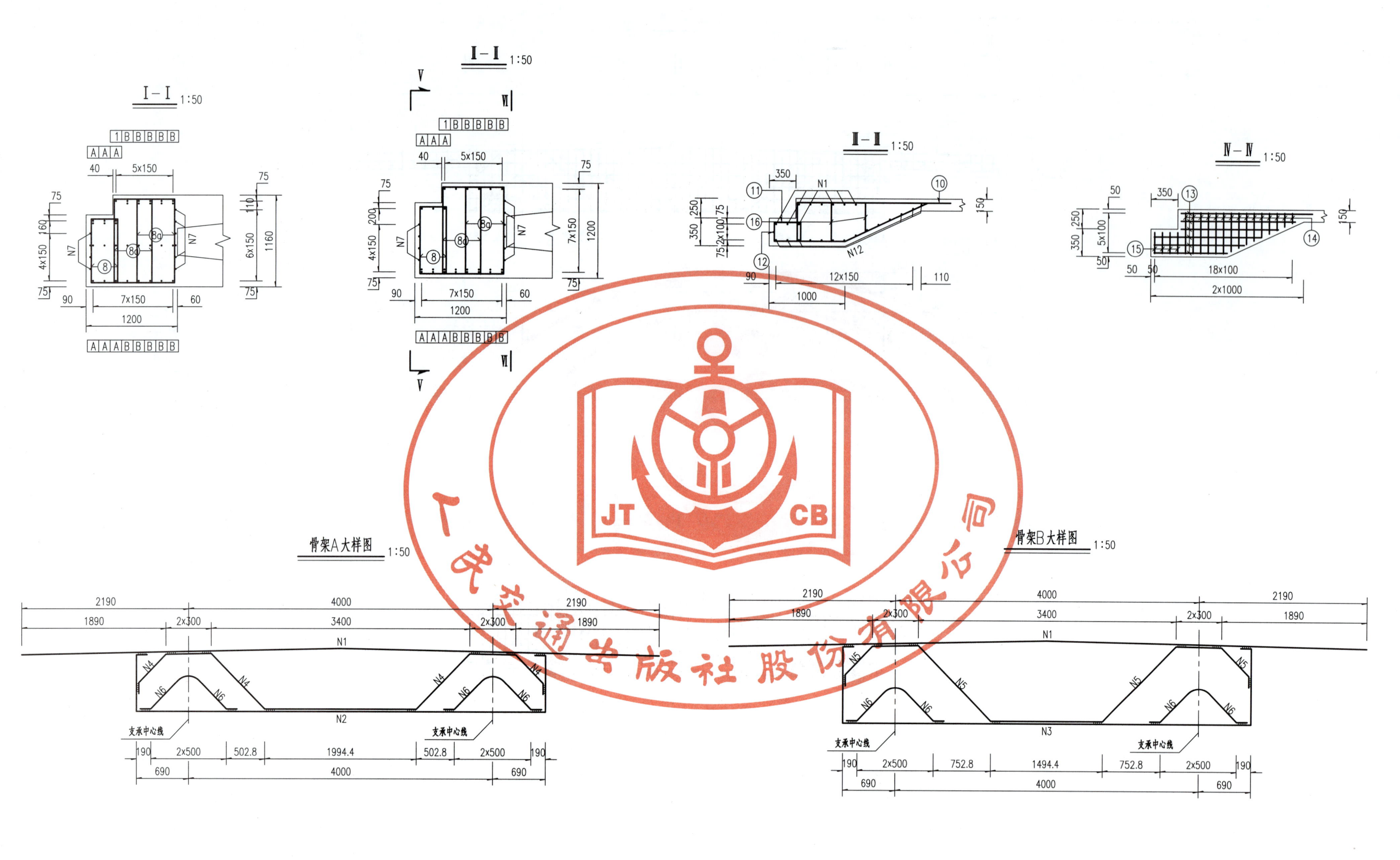

现浇钢筋混凝土连续箱梁上部结构	荷载标准：公路—Ⅱ级
跨径：3X16m　　斜交角：0°	桥面宽度：8.5m
端横梁普通钢筋构造图(二)	图　号：4-6-2

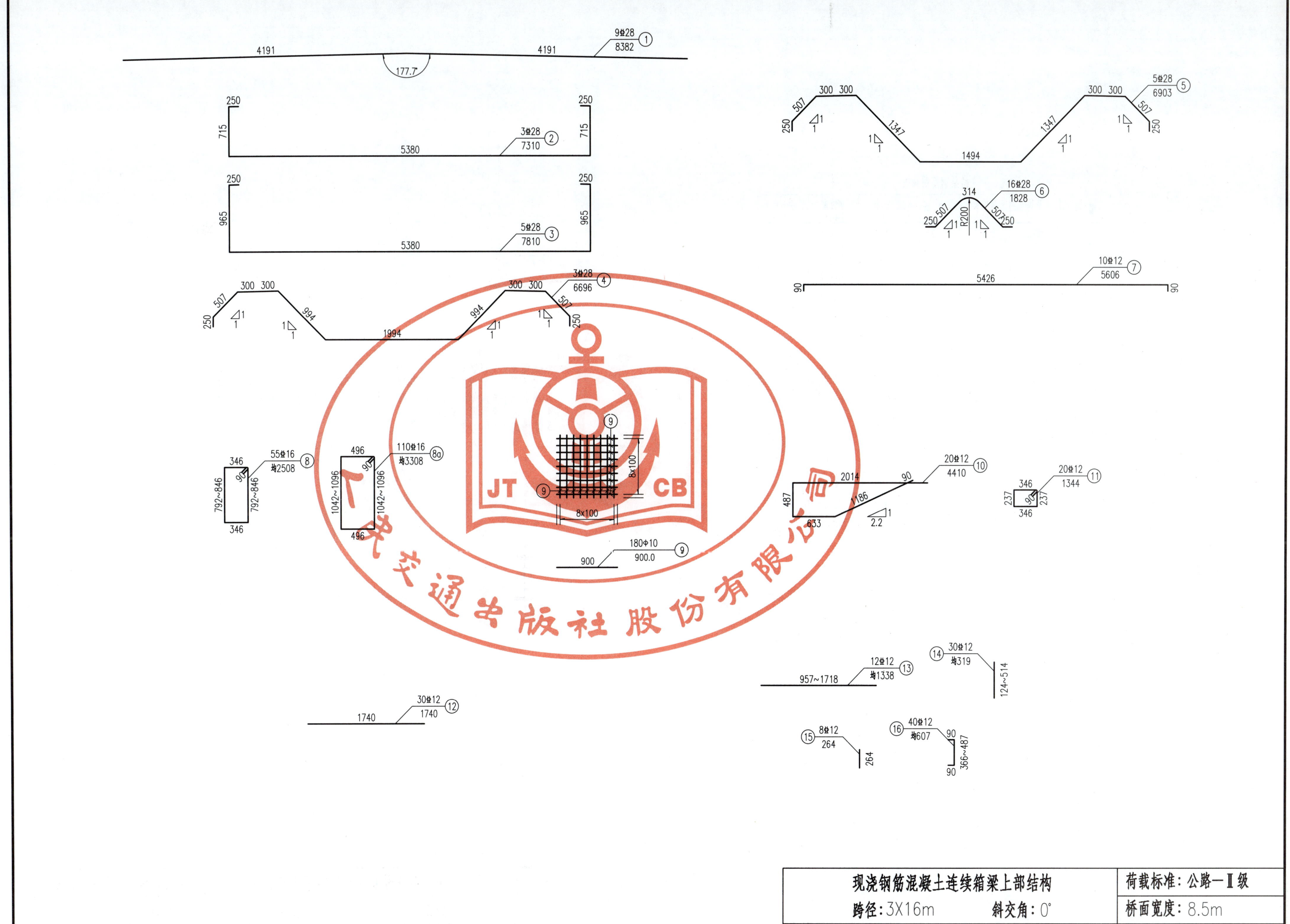

现浇钢筋混凝土连续箱梁上部结构	荷载标准：公路—Ⅱ级
跨径：3X16m　　斜交角：0°	桥面宽度：8.5m
端横梁普通钢筋构造图(三)	图　号：4-6-3

横梁钢筋明细表

编号	直径 (mm)	单根长 (mm)	根数	共长 (m)	单位重 (kg/m)	共重 (kg)
1	Φ28	8382	9	75.4	4.830	364.4
2	Φ28	7310	3	21.9	4.830	105.9
3	Φ28	7810	5	39.1	4.830	188.6
4	Φ28	6696	3	20.1	4.830	97.0
5	Φ28	6903	5	33.4	4.830	161.4
6	Φ28	1608	16	34.5	4.830	166.7
7	Φ12	5606	10	56.1	0.888	49.8
8	Φ16	平均2508	55	137.9	1.580	217.9
8a	Φ16	平均3308	110	363.9	1.580	575.0
9	Φ10	900	180	162.0	0.617	100.0
10	Φ12	4410	20	88.2	0.888	78.3
11	Φ12	1344	20	26.9	0.888	23.9
12	Φ12	1740	30	52.2	0.888	46.4
13	Φ12	平均1338	12	16.1	0.888	14.3
14	Φ12	平均319	30	9.6	0.888	8.5
15	Φ12	264	8	2.1	0.888	1.9
16	Φ12	平均607	40	24.3	0.888	21.6
合计	Φ10	100.0kg				
	Φ12	244.7kg				
	Φ16	792.9kg				
	Φ28	1084.0kg				

注：
1. 本图尺寸均以毫米为单位。
2. 主筋骨架之间焊缝采用双面焊缝，焊缝长度不小于140mm，且满足规范要求。
3. 横梁每个支承处设置5层钢筋网，层间距50mm，底层钢筋网到梁底底缘的距离50mm。
4. 施工时注意预埋支座钢板。
5. 本图适用于0、3号台支点横梁。

现浇钢筋混凝土连续箱梁上部结构 跨径：3X16m　　斜交角：0°	荷载标准：公路—Ⅱ级 桥面宽度：8.5m
端横梁普通钢筋构造图（四）	图　号：4-6-4

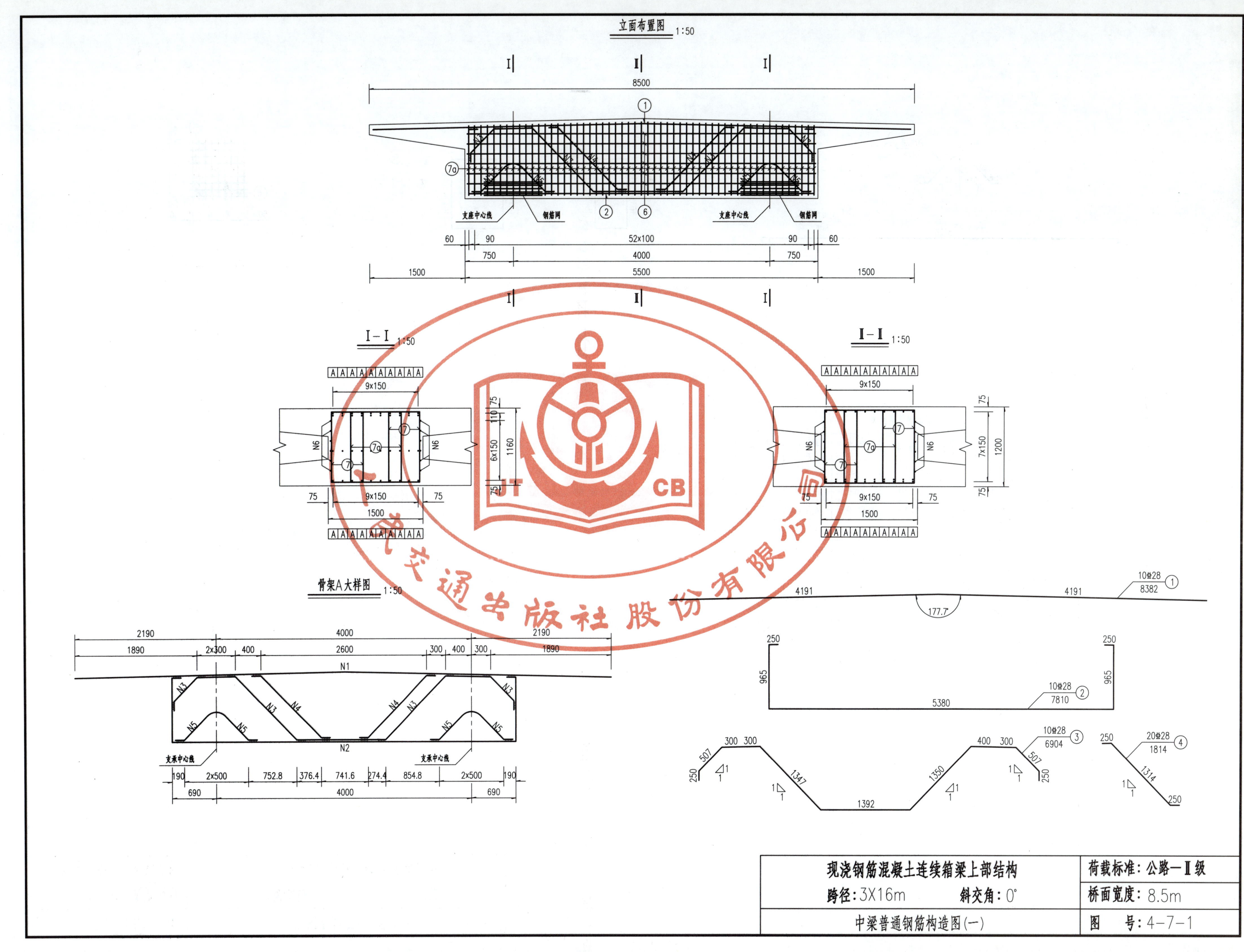

现浇钢筋混凝土连续箱梁上部结构

现浇钢筋混凝土连续箱梁上部结构	荷载标准：公路—Ⅱ级
跨径：3X16m 斜交角：0°	桥面宽度：8.5m
中梁普通钢筋构造图(一)	图 号：4-7-1

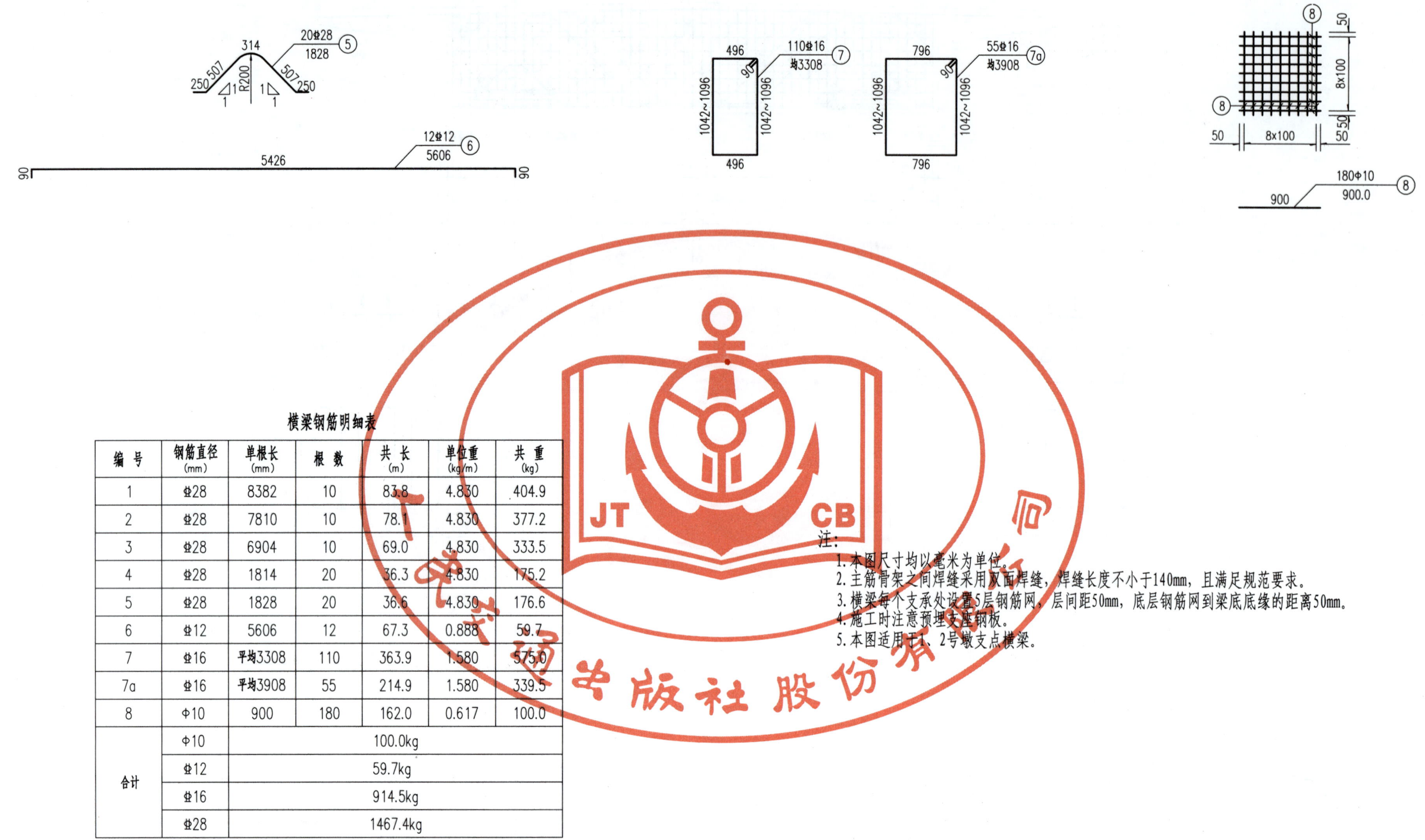

横梁钢筋明细表

编号	钢筋直径 (mm)	单根长 (mm)	根数	共长 (m)	单位重 (kg/m)	共重 (kg)
1	Φ28	8382	10	83.8	4.830	404.9
2	Φ28	7810	10	78.1	4.830	377.2
3	Φ28	6904	10	69.0	4.830	333.5
4	Φ28	1814	20	36.3	4.830	175.2
5	Φ28	1828	20	36.6	4.830	176.6
6	Φ12	5606	12	67.3	0.888	59.7
7	Φ16	平均3308	110	363.9	1.580	575.0
7a	Φ16	平均3908	55	214.9	1.580	339.5
8	Φ10	900	180	162.0	0.617	100.0
合计	Φ10	100.0kg				
	Φ12	59.7kg				
	Φ16	914.5kg				
	Φ28	1467.4kg				

注：
1. 本图尺寸均以毫米为单位。
2. 主筋骨架之间焊缝采用双面焊缝，焊缝长度不小于140mm，且满足规范要求。
3. 横梁每个支承处设置5层钢筋网，层间距50mm，底层钢筋网到梁底底缘的距离50mm。
4. 施工时注意预埋支座钢板。
5. 本图适用于1、2号墩支点横梁。

现浇钢筋混凝土连续箱梁上部结构	荷载标准：公路—Ⅰ级
跨径：3X16m　斜交角：0°	桥面宽度：8.5m
中梁普通钢筋构造图(二)	图　号：4-7-2

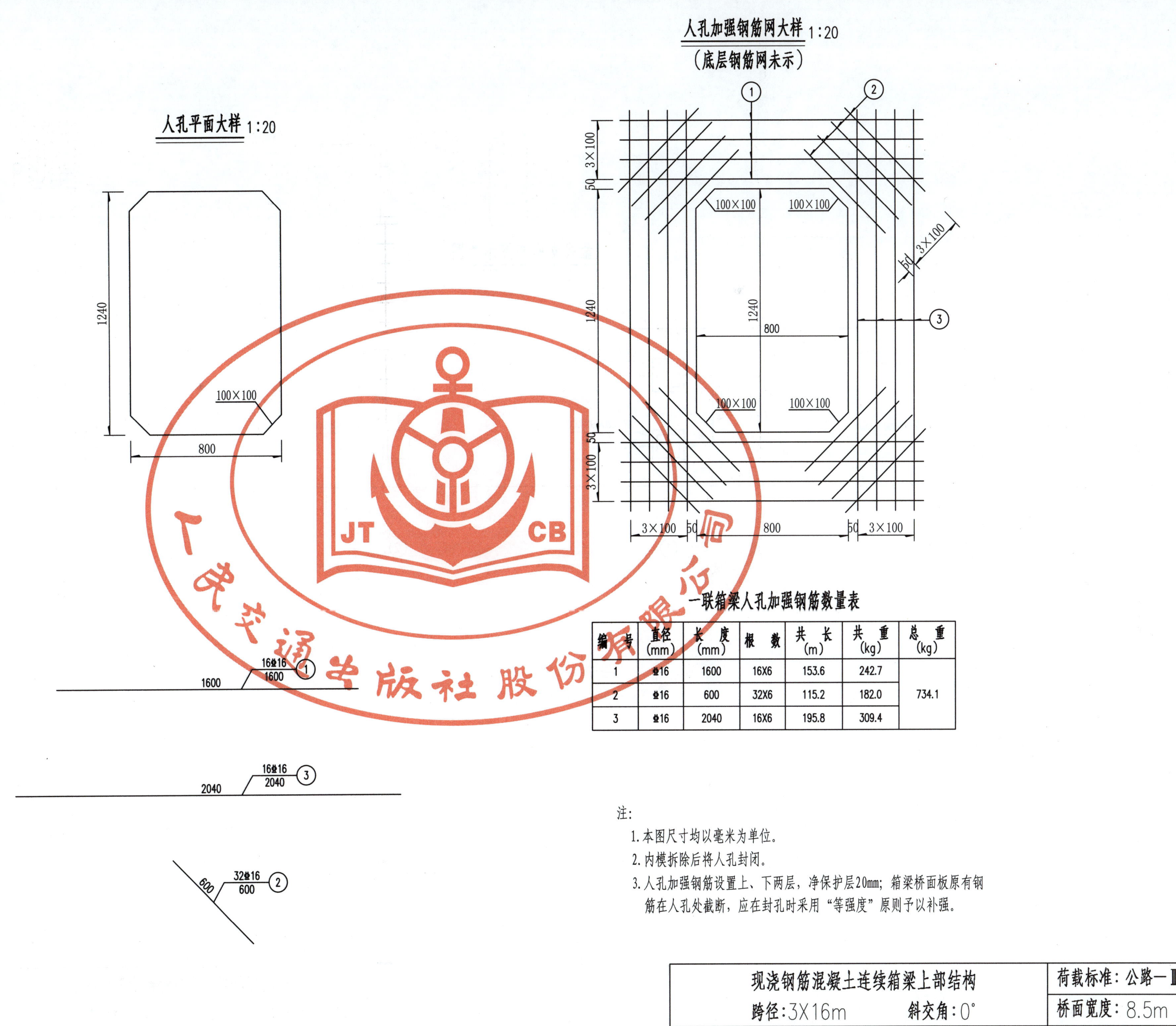

一联箱梁人孔加强钢筋数量表

编号	直径 (mm)	长度 (mm)	根数	共长 (m)	共重 (kg)	总重 (kg)
1	⌀16	1600	16X6	153.6	242.7	734.1
2	⌀16	600	32X6	115.2	182.0	
3	⌀16	2040	16X6	195.8	309.4	

注:

1. 本图尺寸均以毫米为单位。
2. 内模拆除后将人孔封闭。
3. 人孔加强钢筋设置上、下两层，净保护层20mm；箱梁桥面板原有钢筋在人孔处截断，应在封孔时采用“等强度”原则予以补强。

现浇钢筋混凝土连续箱梁上部结构 跨径：3X16m 斜交角：0°	荷载标准：公路—Ⅱ级 桥面宽度：8.5m
箱梁人孔加强钢筋构造图	图 号：4-8

盆式支座布置示意图

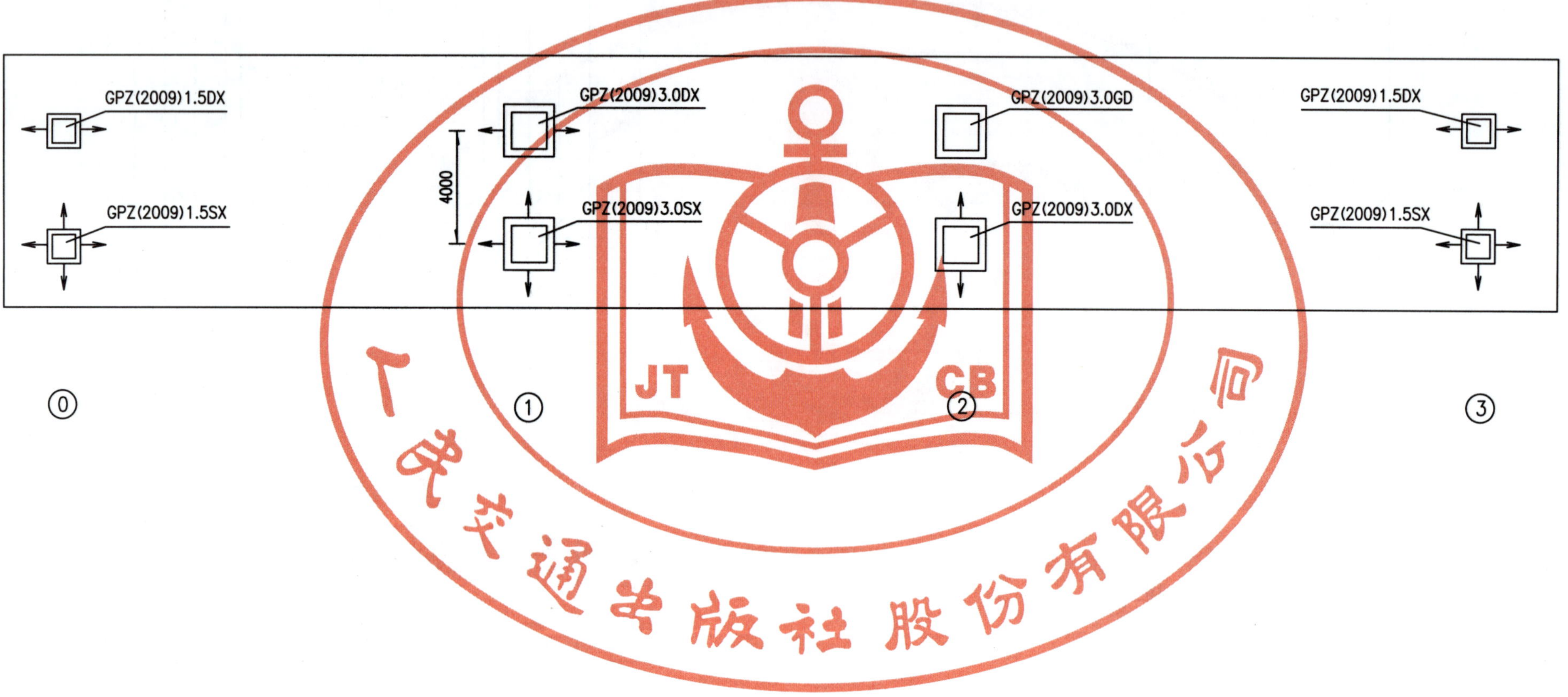

注:
1. 本图尺寸以毫米为单位。
2. 图中支座上的箭头表示支座位移方向。

现浇钢筋混凝土连续箱梁上部结构	荷载标准:公路—Ⅱ级
跨径:3X16m　斜交角:0°	桥面宽度:8.5m
支座布置示意图	图　号:4-9

桥面铺装配筋横断面

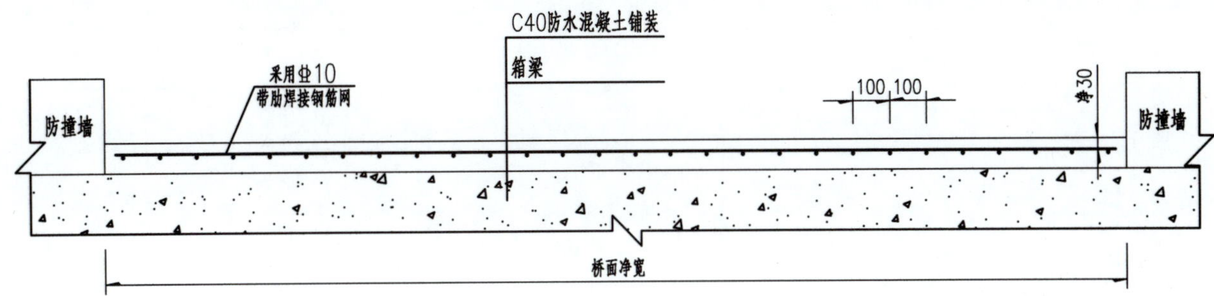

桥面铺装配筋平面

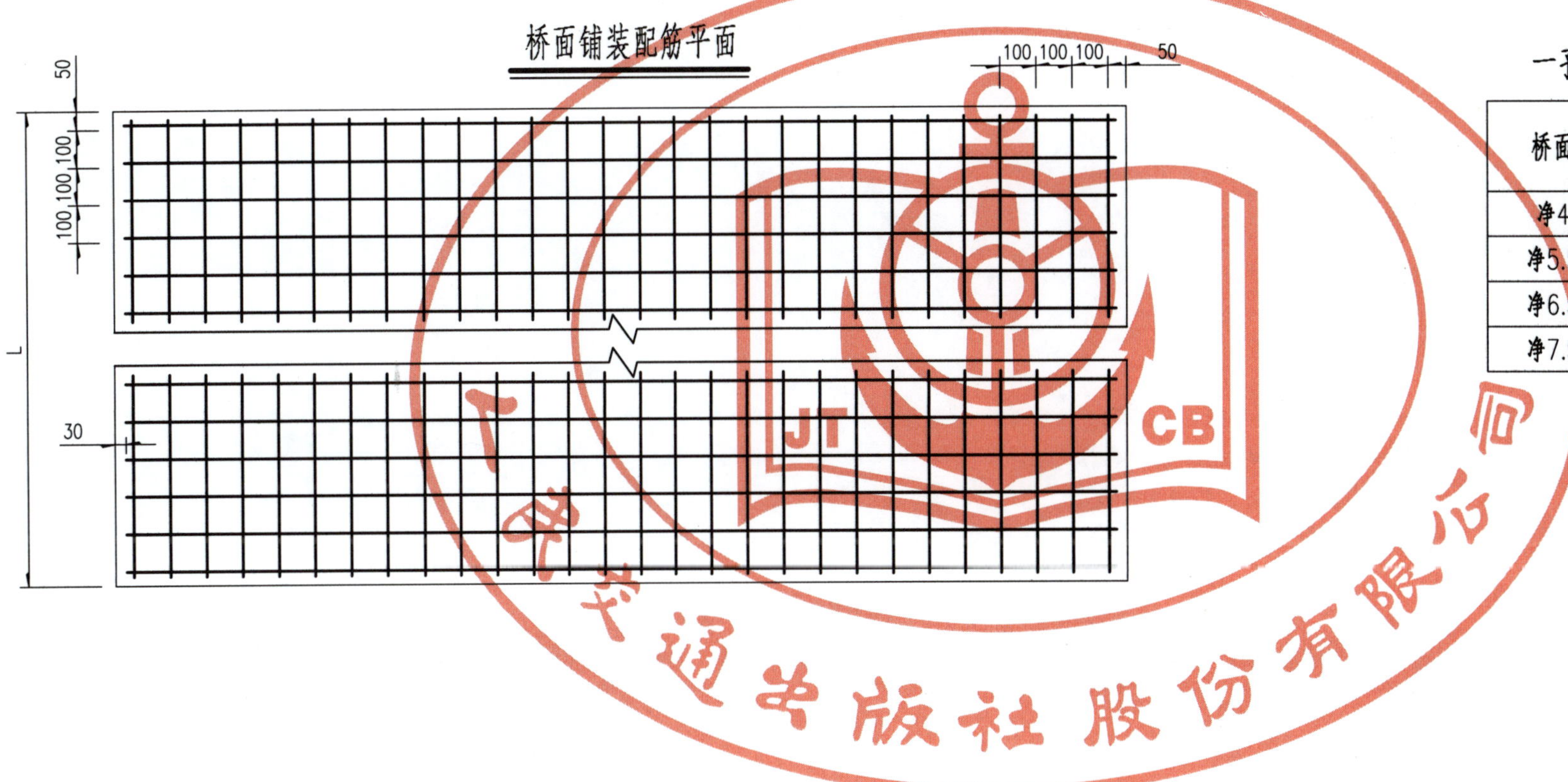

一孔桥面铺装工程数量表(L=16m)

桥面宽度	焊接钢筋网 (kg)	C40防水混凝土 (m³)
净4m	789.12	6.4
净5.5m	1085.04	8.8
净6.5m	1282.32	10.4
净7.5m	1479.60	12.0

桥面铺装配筋纵断面

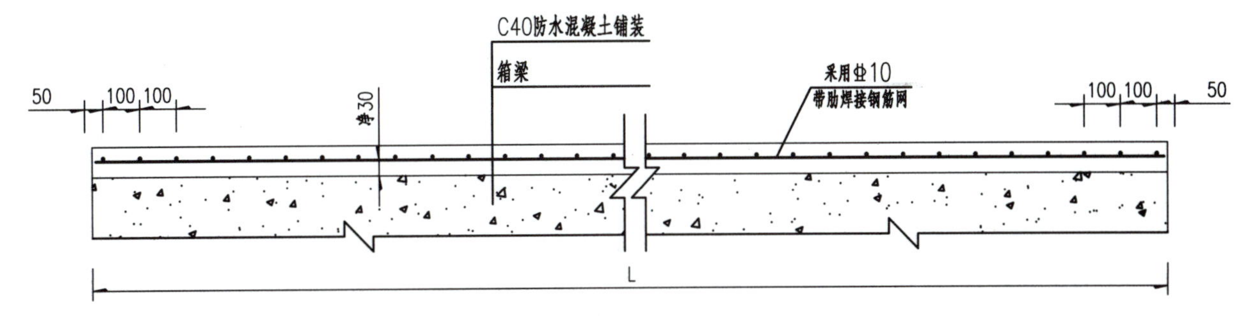

注:
本图尺寸均以毫米为单位。

现浇钢筋混凝土连续箱梁上部结构 跨径:3X16m 斜交角:0°	荷载标准:公路—Ⅱ级 桥面宽度:5.0m、6.5m、7.5m、8.5m
桥面铺装钢筋构造图	图 号:5